中等职业教育"十三五"规划创新教材

汽车维修质量检验

QICHE WEIXIU ZHILIANG JIANYAN

■主　编　赵润良　曾保宁
■副主编　杨小周　梁　举

北京邮电大学出版社
http://www.buptpress.com

图书在版编目(CIP)数据

汽车维修质量检验／赵润良，曾保宁主编. —2版. —北京：北京邮电大学出版社，2016.1

ISBN 978-7-5635-4616-9

Ⅰ. ①汽… Ⅱ. ①赵… ②曾… Ⅲ. ①汽车—车辆修理—质量检验—高等学校—教材 Ⅳ. ①U472.32

中国版本图书馆CIP数据核字(2015)第305982号

书　　名 汽车维修质量检验
主　　编 赵润良　曾保宁
责任编辑 冀爱芳
出版发行 北京邮电大学出版社
社　　址 北京市海淀区西土城路10号　邮编100876
经　　销 各地新华书店
印　　刷 北京市彩虹印刷有限责任公司
开　　本 787 mm×1 092 mm　1/16
印　　张 9.25
字　　数 219千字
版　　次 2009年2月第1版　2016月6月第2版　2016年6月第5次印刷
书　　号 ISBN 978-7-5635-4616-9
定　　价 22.50元

如有印刷问题请与北京邮电大学出版社联系　电话：(010)62283578
E-mail：publish@bupt.edu.cn　Http：//www.buptpress.com

前言

本教材是普通中等职业教育“十三五”规划教材，根据职业教育的教学实际情况，以及企业对人才的要求，在之前出版的《汽车维修质量检验》的基础上修订而成。

本书在修订中，参阅了国家行业标准《汽车维修业质量检验人员技术水平》(GB/T 21338—2008)。

全书共分为五个项目，主要讲述汽车维修质量管理知识、汽车维修质量检验知识、汽车维修质量检验、机动车配件质量检验和控制、汽车维修质量检验结论等，五个大项又分解为31个学习任务，重点突出实践性和可操作性，力求将专业知识的学习与专业技能培养有机结合，使学生能运用所学的专业知识，具备解决实际问题能力的方法和手段，最终达到毕业就能就业的培养目标。

本书适用于中等职业院校教材或机动车维修质量检验员岗前培训自学参考书使用。

本书由宁夏工商职业技术学院赵润良、曾保宁任主编，宁夏工商职业技术学院杨小周、梁举任副主编。其中赵润良编写项目四；曾保宁编写项目二；杨小周编写项目三；梁举编写项目一和五。全书由赵润良统稿，曾保宁统审。在此对参加编写的老师表示衷心的感谢！

由于编者知识和水平有限，编写经验不足及受地域限制，可能存在错误，恳请广大读者批评指正。

编　者

2016年5月

CONTENTS

目录

项目一　质量管理的法律知识

项目描述

汽车维修质量是汽车维修企业管理的核心内容，是一项经常性的、涉及范围较广的、技术性很强的工作，需要综合运用法律、经济和行政等手段。加强对汽车维修企业维修质量的监督检查，是为用户提供优质服务的保障，也是对用户负责的体现。本项目主要介绍汽车维修质量管理的法律与法规知识，如道路交通安全法、产品质量法等十多部法规，使从业者依法工作，维护广大客户的利益和社会的安稳。

学习目标

1. 了解与机动车维修相关的法律、法规。
2. 了解与汽车维修质量管理相关的法规和规章。
3. 了解汽车维修质量检验标准。
4. 熟悉汽车维修质量管理制度。
5. 熟悉汽车维修质量检验程序。

任务一　国家、地方及行业相关机动车维修的法律、法规及规章

凡在我国从事汽车维修经营服务活动的汽车维修企业，都应将遵守国家的相关法律、法规及规章作为自觉行为，汽车维修质量管理部门也应该把我国汽车维修方面的法律、法规及规章作为建立汽车维修服务质量管理体系的重要依据。

目前，我国与汽车维修有关的法律如下。

一、《中华人民共和国道路运输条例》（以下简称《道路运输条例》）

《道路运输条例》是我国第一部规范道路运输的行政法规，主要内容包括总则、道路

运输经营、道路运输相关业务、国际道路运输、执行监督、法律责任等。《道路运输条例》对从事道路运输经营及道路运输相关业务的市场准入条件、进入市场后应遵守的行为规范作了规定，对违法维修机动车的法律责任、机动车维修经营者签发虚假的机动车维修合格证的法律责任作了规定。

二、《中华人民共和国道路交通安全法》(以下简称《道路交通安全法》)

《道路交通安全法》主要内容包括总则、车辆和驾驶人、道路通行条件、道路通行规定、交通事故处理、执行监督、法律责任等。制定《道路交通安全法》是为了维护道路交通秩序，预防和减少交通事故，保护人身安全，保护公民、法人和其他组织的财产安全及其他合法权益，提高通行效率。《道路交通安全法》适用于车辆驾驶人、行人、乘车人以及与道路交通活动有关的单位和个人，对机动车登记、安检、强制报废等作了规定。

三、《中华人民共和国合同法》(以下简称《合同法》)

《合同法》分为总则、分则、附则。总则主要内容包括《合同法》一般规定、合同的订立、合同的效力、合同的履行、合同的变更和转让、合同的权利义务终止、违约责任等。按照《合同法》的规定，机动车维修合同属于承揽合同。

四、《中华人民共和国产品质量法》(以下简称《产品质量法》)

本法是为了加强对产品的监督管理，提高产品质量水平，明确产品质量责任，保护消费者的合法权益，维护社会经济秩序而制定的。《产品质量法》主要内容包括总则，产品质量的监督，生产者、销售者的产品质量责任和义务，损坏赔偿，罚则和附则。《产品质量法》第三、四条规定，生产者、销售者应当建立健全内部产品质量管理制度，严格实施岗位质量规范、质量责任以及相应的考核办法。依照《产品质量法》规定，生产者、销售者承担产品质量责任。

五、《中华人民共和国安全生产法》(以下简称《安全生产法》)

本法是为了加强安全生产监督管理，防止和减少生产安全事故，保障人民群众生命和财产安全，促进经济发展而制定的。《安全生产法》主要内容包括总则、生产经营单位的安全生产保障、从业人员的权利和义务、安全生产的监督管理、生产安全事故的应急救援与调查处理、法律责任等。安全生产管理坚持“安全第一、预防为主”的方针。生产经营单位必须遵守本法和其他有关安全生产的法律、法规，加强安全生产管理，建立、健全安全生产责任制度，完善安全生产条件，确保安全生产。

六、《中华人民共和国消费者权益保护法》(以下简称《消费者权益保护法》)

本法是为了保护消费者的合法权益，维护社会经济秩序，促进社会主义市场经济健康发展而制定的。《消费者权益保护法》主要内容有总则、消费者的权利、经营者的义务、消费者组织、争议的解决、法律责任等。消费者为生活消费需要而购买、使用商品或接受服务，其权益受该法保护；经营者为消费者提供其生产、销售的商品或者提供服务，保证商品和服务质量，其行为受该法规范。国家保护消费者的合法权益不受侵害。

七、《中华人民共和国标准化法》(以下简称《标准化法》)

本法是为了发展社会主义商品经济，促进技术进步，改进产品质量，提高社会经济效益，维护国家和人民的利益，使标准化工作适应社会主义现代化建设和发展对外经济关系的需要而制定的。对需要在全国范围内统一的技术要求，应当制定国家标准；对没有国家标准而又需要在全国某个行业范围内统一的技术要求，可以制定行业标准；企业生产的产品没有国家标准和行业标准的，应当制定企业标准，作为组织生产的依据。企业的产品标准须报当地政府标准化行政主管部门和有关行政主管部门备案。已有国家标准或者行业标准的，国家鼓励企业制定严于国家标准或者行业标准的企业标准，在企业内部适用。国家标准、行业标准分为强制性标准和推荐性标准。保障人体健康，人身、财产安全的标准和法律、行政法规规定强制执行的标准是强制性标准，其他标准是推荐性标准。

八、《中华人民共和国计量法》(以下简称《计量法》)

本法的制定是为了加强计量监督管理，保障国家计量单位制的统一和量值的准确可靠，有利于生产、贸易和科学技术的发展，适应社会主义现代化建设的需要，维护国家、人民的利益。建立计量基准器具、计量标准器具，进行计量检定，制造、修理、销售、使用计量器具，必须遵守本法。

任务二　汽车维修质量管理的相关法规和规章

目前，我国汽车维修方面的法规和规章主要有两类：一类是国务院颁布的国家行政法规，主要是交通部和公安部颁布的一些汽车维修规章；另一类是由各省（直辖市、自治区）人大常委会颁布的地方行政法规。

目前，我国与汽车维修质量管理相关的法规和规章如下。

一、《汽车维修质量管理办法》

本办法主要适用于各级汽车维修行业管理部门和从事汽车修理、维护或专项维修的企业及个体工商户。本办法要求各级汽车维修行业管理部门负责汽车维修质量管理工作；汽车维修企业必须建立、健全与其维修类别相适应的质量管理机构；汽车维修个体工商户应有专人负责质量管理工作；质量检验员必须经过培训，取得汽车维修检验员资格证，方可上岗；车辆进厂、维修以及竣工出厂须由检验员负责质量检验，并填写检验单；汽车维修业户要做好质量管理工作，建立、健全与企业维修类别相适应的技术、计量管理以及质量检验等规章制度。

二、《汽车维修合同实施细则》

本细则旨在加强汽车维修行业管理，维护汽车维修经营活动的正常秩序，保障承、托修双方当事人的合法权益，它是交通部根据《中华人民共和国合同法》和《加工承揽合同条例》的有关规定而制定的。细则规定汽车大修、主要总成大修、二级维护时承、托修双方必须签订合同，合同签订后，双方应严格按合同规定履行各自的义务；承修方应建立、健全合同管理制度，并有专人负责合同管理工作。

三、《机动车维修管理规定》

为规范机动车维修经营活动，维护机动车维修市场秩序，保护机动车维修各方当事人的合法权益，保障机动车运行安全，保护环境，节约能源，促进机动车维修业的健康发展，根据《中华人民共和国道路运输条例》及有关法律、行政法规，制定了本规定。有关维修管理的规定包括，机动车维修经营者应当按照国家、行业或者地方的维修标准和规范进行维修，不得使用假冒伪劣配件维修机动车；对机动车进行二级维护、总成修理、整车修理的，应当实行维修前、维修中和竣工质量检验制度；机动车维修经营者应当建立机动车维修档案；机动车维修实行竣工出厂质量保证期制度；道路运输管理机构应当加强对机动车维修专业技术人员的管理，严格执行专业技术人员考核和管理制度。

任务三　汽车维修质量检验标准

汽车维修的技术标准是企业进行生产、技术、质量管理工作的依据，是衡量汽车维修质量的标准，具有法律效力，必须严格遵守。汽车维修质量检验就是要认真贯彻技术标准，执行标准，满足标准要求，对保证维修质量、降低维修成本、提高经济效益和保障安全运行都有重要作用。根据《标准化法》要求，我国现行的汽车维修技术标准分四级，即国家标准、行业标准、地方标准和企业标准。

一、国家标准

国家标准是由国务院标准化行政主管部门制定的，对本国经济技术发展有重大意义和对工农业产品、工程建设和各种计量单位所做的技术规定。现行的汽车维修国家标准有：

GB 1495—2002 汽车加速行驶车外噪声限值及测量方法

GB 18285—2005 点燃式发动机汽车排气污染物排放限值及测量方法（双怠速法及简易工况法）

GB/T 3798. 1—2005 汽车大修竣工出厂技术条件

GB/T 3799. 1—2005 汽车发动机大修竣工出厂技术条件

GB/T 4352—2007 载货汽车运行燃料消耗量

GB/T 4353—2007 载客汽车运行燃料消耗量

GB/T 5624—2005 汽车维修术语

GB/T 5336—2005 大客车车身修理技术条件

GB 12676—2014 商用车辆和挂车制动系统技术要求及试验方法

GB/T 13594—2003 机动车和挂车防抱制动性能和试验方法

GB 17691—2005 车用压燃式、气体燃料点燃式发动机与汽车排气染物排放限值及测量方法

GB 3847—2005 车用压燃式发动机和压燃式发动机汽车排气烟度排放限值及测量方法

GB/T 15746—2011 汽车修理质量检查评定方法

QC/T 476—2007 客车防雨密封性限值及试验方法

GB/T 16739. 1—2014 汽车维修业开业条件第 1 部分：汽车整车维修企业

GB/T 16739. 2—2014 汽车维修业开业条件第 2 部分：汽车综合小修及专项维修业户

GB 7258—2012 机动车运行安全技术条件

GB/T 17349. 1—1998 道路车辆汽车诊断系统——词汇

GB/T 17349. 2—1998 道路车辆汽车诊断系统——图形符号

GB 17692—1999 汽车用发动机净功率测试方法

GB/T 18274—2000 汽车鼓式制动器修理技术条件

GB/T 18275. 1—2000 汽车制动传动装置修理技术条件——气压制动

GB/T 18275. 2—2000 汽车制动传动装置修理技术条件——液压制动

GB/T 18343—2001 汽车盘式制动器修理技术条件

GB/T 18344—2001 汽车维护、检测、诊断技术规范

GB 18565—2001 营运车辆综合性能要求和检验方法

二、行业标准

行业标准也称部颁标准，它由国务院有关行政主管部门制定，并报国务院标准化行政主管部门备案，是全国性各行业范围内的技术标准。现行的汽车维修行业标准有：

QC/T 484—1999 汽车油漆涂层

JT/T 720—2008 汽车自动变速器维修通用技术条件

JT/T 198—2004 营运车辆技术等级划分和评定要求

任务四　汽车维修质量管理制度和检验程序

《中华人民共和国道路运输条例》第四十五条规定，机动车维修经营者对机动车进行二级维护、总成修理或者整车修理的，应当进行维修质量检验。维修质量检验人员应当对检验合格的机动车签发机动车维修合格证。

一、汽车维修质量管理制度

为确保机动车维修质量，机动车维修企业应当按照 1991 年 4 月 10 日交通部发布的《汽车维修质量管理办法》，建立以下几项制度：

1. 汽车维修企业须建立质量检验制度，有明确的质量负责人和质量检验员。质量检验员必须经过当地汽车维修行业管理部门培训、考核并取得汽车维修检验员证，方可上岗。

2. 汽车维修竣工出厂合格证管理制度。维修质量不合格的车辆不准出厂。

3. 机动车维修实行质量保证期制度。汽车和危险货物运输车辆整车修理或总成修理质量保证期为车辆行驶 20 000km 或 100 日；二级维护质量保证期为车辆行驶 5 000km 或 30 日；一级维护、小修及专项修理质量保证期为车辆行驶 2 000km 或 10 日。

4. 机动车维修经营者对机动车进行二级维护、总成修理、整车修理，应当建立维修档案。机动车维修档案保存期限不得少于 2 年。

5. 道路运输管理机构应当建立机动车维修企业诚信档案，对机动车维修经营者实行质量信誉考核制度。

6. 质量保证期内，因维修质量原因造成车辆发生故障或损坏，机动车维修经营者应及时返修。

二、汽车维修质量检验程序

根据交通部颁布的《汽车维修质量管理办法》和《机动车维修管理规定》中的有关

条款明确规定，机动车维修经营者对机动车进行二级维护、总成修理、整车修理时应当实行维修前诊断检验、维修过程检验和竣工质量检验。汽车维修厂方必须有明确的质量负责人和质量检验员。汽车修理的质量检验管理应自上而下形成一套完整而又行之有效的管理体系。按汽车维修工艺程序分类，汽车维修质量检验过程分三步，即进厂检验、维修过程检验和维修竣工出厂检验。

1. 进厂检验

进厂检验指检查送修车辆的装备和检查鉴定送修车辆实际技术状况，以便确定维修方案。主要内容如下：

（1）审视和核查驾驶员的报修项目，查阅该车技术档案和上次维修技术资料。

（2）对进厂的送修车辆进行维修前外观检视，填写进厂检验单。

（3）通过检测或测试，判断车辆的技术状况，确定维修方案，签订维修合同。

（4）清点注明车辆装备数量及状况，办理交接手续。

2. 维修过程检验

维修过程检验也称工序检验。按检验需要在汽车维修过程中可分为：零件分类检验、维修工艺监督检验、关键工序的质量检验与总成验收等。

（1）零件分类检验

零件分类检验是指汽车全部解体并清洗后，由专职核料人员（或主修人员）按照零件损伤程度和依据汽车维修规范中所规定的“大修允许”和“使用极限”，将零件确定为可用、需修和报废三种类型，是汽车维修过程中的重要工序。

（2）维修工艺监督检验

维修工艺监督检验是指从整车解体、维修、装配到维修竣工出厂全过程中的质量检验与质量监督。目前，在我国汽车维修行业中质量检验与质量监督普遍采用三级质量检验的质量保证制度，即在具体维修作业过程中对某一工序根据工艺规程、工艺规范及技术标准进行的自我评定和自我质量保证的工人自检；工序交接过程中的相互质量检验的工序互检；由专职检验人员对维修作业中关键工序和生产质量控制点进行重点检验的专职检验。

3. 维修竣工出厂检验

出厂检验指送修的汽车经过解体、清洗、修理、装配试验和总装以后，按汽车维修质量的要求，对动力性、经济性、可靠性、安全性以及环保性进行的综合检测。通过检查验收，及时发现缺陷和不足，再通过修复消除缺陷后，使客户满意。其主要内容包括以下几方面：

（1）路试前检验

路试前检验是指在静态下对车辆进行外观检查和发动机空载检验。汽车外表应整洁；汽车整车装备按规定配齐，整车、各总成和附件应符合规定技术条件，如各连接件是否安装正确，是否连接牢固，是否装配齐全；电气线路是否完整，各种灯光信号标志是否齐全，工作可靠；后视镜、门锁是否安装良好、锁止可靠；各种润滑嘴是否装配齐全有效，各润滑部位润滑情况是否良好；各支撑坐垫是否按规定装配齐全、完整；有无“四漏”现象；发动机在不同转速下运转有无异响发生；轮胎气压是否达到要求。

(2) 路试中的检验

路试中的检验是通过各种行驶工况，如起步、加速、滑行、紧急制动等，在动态下检查汽车的操纵性能、制动性能、滑行性能、加速性能；通过听察异响判断发动机及底盘的工作情况；通过检测汽车百公里油耗检查汽车的经济性能；检查噪声和废气排放情况。车辆整车大修和总成大修、二级维护，须按规定在汽车检测线上进行检测。

(3) 路试后的检验和验收

路试后的检验，是对路试中所发现的异常现象进行的检查，由主修人负责排除路试中发现的缺陷和不足。再排除故障和重新调试，问题得到解决后并复检合格，出厂检验员明确做出质量鉴定。车辆完成竣工检验和验收后，由总检验员填好出厂检验记录，收集车辆技术文件，签发出厂合格证，代表厂方办理车辆出厂交接手续。

项目小结

1. 本项目介绍了汽车维修质量管理的相关法律、法规及规章。

2. 汽车维修方面的法律、法规与规章是作为建立汽车维修服务质量管理体系的主要依据。

3. 汽车维修的技术标准是衡量汽车维修质量的尺度，是企业进行生产、技术、质量管理工作的依据。

4. 机动车维修实行质量保证期制度。

5. 按汽车维修工艺程序分类，汽车维修质量检验过程分三步，即进厂检验、维修过程检验和维修竣工出厂检验。

练习与思考题

1. 我国与机动车维修相关的法律和法规有哪些？
2. 我国与汽车维修质量管理相关的法规和规章有哪些？
3. 我国现行的汽车维修技术标准分几级？
4. 机动车维修企业需建立哪些维修质量管理制度？
5. 按汽车维修工艺程序，汽车维修质量检验分哪些检验程序？

项目二 汽车维修质量检验必备知识

项目描述

在汽车维修质量检验过程中，为了获得检测和诊断参数测量值，质量检测人员要选择合适的测量仪表、仪器或设备，组成维修质量检测系统，按照一定的测量条件和检测方法，对汽车维修质量进行检测、分析和判断，准确得出汽车维修质量是否合格，确保汽车使用安全可靠。常用检验、检测设备和量具的正确使用，将对汽车维修质量检验结果产生较大影响，在进行汽车维修质量检验时必须引起高度重视。本项目着重从七个方面，以七个任务来介绍相关知识与技能。

学习目标

1. 熟悉汽车维修安全防护事项及各种维修工具和设备的安全使用注意事项。
2. 能够独立查阅维修资料。
3. 掌握汽车维修常用检验、检测仪器、仪表的使用方法。
4. 掌握汽车维修常用量具的使用方法。

任务一 安全操作

在汽车维修作业中安全是首要的。为了应对工作环境可能出现的危险，在进行维修作业时一定要采取必要的安全措施。

一、着装和佩戴饰物

在现代维修企业中，要求维修人员必须着工装作业，这样可以防止发生伤害事故。整洁的着装和仪态不仅会赢得客户的信赖，而且表达了维修人员对安全的态度。

在车间里穿长袖衬衫应扣好袖口或卷起衣袖，衣摆务必掖进裤腰内。同时不准戴珠宝饰物，特别是从事电气系统维修作业的人员严禁戴珠宝饰物。作业时要穿鞋面坚固、鞋底耐油的鞋子或靴子，这样能预防重物伤脚。

二、眼睛的保护

从事磨削、使用电动工具、锤或在车底作业时需要佩戴适当的眼睛保护器具。从事会引起火花、灰尘或铁屑进入眼睛的作业以及在化学品周围作业时，则要求必须佩戴。作业完毕摘下眼睛保护器具之前最好闭上眼睛，以免器具摘下时积聚在器具外面的金属屑、灰尘或别的异物落到眼睛里。

任务二　工具和设备的安全使用

一、工具的安全使用

维修作业中使用的工具主要分两类，即手工工具和动力工具。

1. 手工工具

使用手工工具时要选用合适的工具，注意工具的完好性，并且在使用中不要碰到工具的刃口，锋利的工具严禁放在口袋中。

(1) 扳手

扳手是拧转和夹持螺栓头或螺母的一种工具。扳手包括多种尺寸和规格的公制和英制扳手，卡口宽度决定了扳手的尺寸，根据螺栓头的公称直径加工，扳手的实际尺寸比它的公称尺寸要稍微大一点，以使扳手刚好可以卡上跟它同样尺寸的螺母或螺栓头。公制和英制扳手不能互换。常见的扳手有以下几种：

①开口扳手。开口扳手的卡口可在与其接触的螺栓头或螺母的两个边上滑动，适用于上方间隙或螺母的一边不足以插入梅花扳手场合。

②梅花扳手。梅花扳手的卡口是闭合的，卡口包住整个螺栓头或螺母，夹持住各个棱角，这种套筒扳手不能在螺母或螺栓上滑动，所以比开口扳手更安全。梅花扳手有 6 角和 12 角之分，6 角梅花扳手对螺栓卡扣比 12 角梅花扳手更牢靠，还能避免损伤螺栓头。

③组合扳手。组合扳手的一端为开口卡口，另一端为梅花卡口，两端卡口的尺寸相同。它既可以当开口扳手或梅花扳手套件使用，又可以单独使用。拆装同规格螺栓螺母比较方便，可以减少换工具的时间。

④油管螺母（管道）扳手。油管螺母或管道扳手用于拧松和拧紧制动管路或管件，防止其他扳手造成管路和管件变形，磨圆螺母的棱边，而油管螺母扳手会将整个螺母夹住，提供较大的夹持力，并防止滑转。

⑤内六方扳手。外形呈六方形，有 L 形与 T 形，用于拆装螺钉头有内六方的紧固件，如车门把手、盘式制动器的制动钳，可以单独或装在套筒棘轮上使用。

⑥活动扳手。活动扳手（通常也称为可调扳手），有固定的卡爪和可移动卡爪，通过转动螺旋形调节旋钮调整卡口的开度，调节旋钮与可移动卡爪的齿条啮合。由于活动扳手

并不能牢固夹持住螺栓头，会滑动，所以使用活动扳手要谨慎，尽量少用。用活动扳手一定要使全部压力作用在固定卡爪上。

（2）套筒和棘轮

①套筒扳手组成。套筒扳手一般由棘轮手柄、折杆手柄、套筒转接头和几个柱状套筒等组成。

②套筒。套筒里面的形状与梅花扳手相似，有6角、8角和12角之分。6角套筒比12角套筒有更坚固的内壁，对螺栓的夹持力更大，6角套筒常用于拧生锈的或圆角的紧固件。8角套筒则用于拧转方形螺母或方头螺栓，如拆装变速箱方头放油螺栓。在套筒的顶端有一个方形孔供套筒手柄的方形插接头插入，方形孔和方形插接头的尺寸有1/4in（6.35mm）、3/8in（9.54mm）、1/2in（12.70mm）等三种，是该套筒扳手的驱动尺寸。手柄可以插入套筒套件中的所有套筒。套筒有不同的尺寸、长度和孔腔深度，有英制和公制标准之分。一般来说，套筒尺寸越大，套筒就会越长或内腔越深。深腔套筒做得很长，以安装特定用途的螺栓或螺柱，火花塞套筒就是深内腔套筒。深内腔套筒也可用于难以靠近的螺母或螺栓，但在能用普通套筒时还是不要用深腔套筒，因为套筒越长，拧动紧固件的扭矩也就越大，而且容易使紧固件滑丝。厚壁套筒可以作为冲击扳手使用，也称为冲击套筒。

③棘轮手柄。用棘轮转动套筒时可以在一个方向用力而在另一个方向不用力，拧转后不用重新卸装扳手就可以继续松紧螺栓，操作安全、快捷和方便。

④折杆手柄。套筒都配有折杆手柄，用一根长杆驱动套筒旋转，加大力矩将螺栓松开，并避开其他影响拆装的零部件。折杆手柄有不同长度和尺寸，在手柄的末端有插接头。套筒的附件中还有转动插接头、柔性接头等，柔性接头可以调节套筒和棘轮手柄之间的角度，常用于那些难以拆装的螺栓。

⑤接杆。接杆一般用于将套筒与棘轮或手柄隔开，可使棘轮手柄远离螺栓，使棘轮的使用更为灵活。接杆能用各种尺寸的插接头，有多种长度。摇摆接杆允许套筒在插接头中轻微转动，摇摆接杆与套筒的连接要比旋转连接更牢靠，但允许摇摆16°左右。

⑥套筒转接头。当不同插孔的套筒与特殊棘轮或手柄一起使用时，用不同套筒和手柄插头之间的插接头。

（3）扭力扳手

扭力扳手可以测量螺母或螺栓的松紧度。汽车上的许多螺母和螺栓都规定了紧固力矩，力矩用牛顿·米表示。扭力扳手是一个能够测量螺栓所受力矩大小的扳手，扭力扳手可与不同尺寸的驱动头、套筒一起使用。

①扭力扳手基本类型。桁条式扭力扳手，由桁条指示力矩值，这种扭力扳手不是很精确。声响式扭力扳手，在手柄上设置所需的力矩值，当力矩达到设定值时，扳手发出“咔嗒”声。表盘式扭力扳手，由一个表盘指示加于扳手的力矩值。有些扳手上设有灯或蜂鸣器，当达到所需力矩时，就会发光或发响。数字式扭力扳手，以数字显示扭矩值，常用于测量螺栓紧固程度。

②扭力扳手的使用。需按以下步骤使用扭力扳手：

a. 从维修手册中查阅所拧螺栓或螺母的规定力矩大小及操作步骤；

b. 规定力矩值分三次拧紧：使扭力扳手与被紧固的零部件成90°角，扳动扭力扳手拧紧固件，使被紧固的螺栓或螺母的力矩达到规定值的1/3；然后再将螺栓或螺母拧紧到规定力矩值的2/3；最后将螺栓或螺母拧紧到规定的力矩值；

c. 成组紧固件应对称交错分次拧紧到规定值，重新检查力矩值。

（4）螺丝起子

在汽车维修中，螺丝起子用于拧动许多螺钉紧固件，各种螺钉紧固件适用的螺丝起子不同。

①螺丝起子种类。螺丝起子根据其尺寸、端部形状和适用的紧固件类型分为一字形、十字头、纺锤形头、方形头、星形头等多种。

②标准螺丝起子。标准螺丝起子或一字形螺丝起子用于开一字槽螺钉，是最常用的一种类型，头部的宽度和厚度决定了标准螺丝起子的规格。

③十字头螺丝起子。十字槽螺丝起子的头部有四个尖，适用于十字头螺钉，十字形槽面起子不易从紧固件中滑出。十字槽螺丝起子的型号有0号（最小）、1号、2号、3号和4号（最大）。其可分为：尖顶十字头螺丝起子和平顶十字头螺丝起子。

a. 尖顶十字头螺丝起子：头部断面也是十字形，十字头端部为尖顶，而普通十字螺丝起子十字端面顶部则是圆的。

b. 平顶十字头螺丝起子：平顶十字螺丝起子的头部更平、更钝。这种方形端头与螺丝头结合更紧密，更不容易从槽口中滑出。

④星形头螺丝起子。星形头螺丝起子用来紧固前灯总成、车镜和行李箱。六尖形端头能提供较大的旋转力和很小的滑移。星形头螺丝起子的型号有T1（最小）、T20、T25和T27（最大）。

⑤纺锤形头起子。纺锤形头起子用于非承载处的紧固件，纺锤形头的紧固件的阻力和滑移更小。

⑥方形头螺丝起子。螺丝起子头呈方形端头。

⑦冲击螺丝起子。冲击螺丝起子用来拧松锈蚀的螺钉，可换端头，一个手柄可用于不同样式的螺钉头。使用时选合适的端头插入起子头部，将起子端头顶在螺钉槽口中，按照所需方向用力拧转手柄，同时用锤子敲击手柄后端，很方便地拆下螺钉。

⑧使用螺丝起子的注意事项。螺丝起子不能当作凿子、冲头或撬杆使用。螺丝起子头与螺钉槽口应紧密接触，使用中不允许有滑移。

（5）钳子

钳子是用于金属丝、线夹持或剪断和销钉的夹具，有标准钳、尖嘴钳和可调节钳等。

①组合钳。组合钳也叫鲤鱼钳，汽车修理作业中使用最普遍的是这类手钳，钳爪有平面形和曲面形，用于夹持平板或圆形物体。钳爪在销轴上滑动，可以改变钳口的开度。

②可调钳。可调钳也称为槽型锁止钳，它的销轴可以滑动，钳口的开度能多级调节以适应不同零件。

③尖嘴钳。长锥形钳爪，能夹持小零件或伸入细缝处，有弯形尖嘴钳和直形尖嘴钳。

④锁止钳或虎钳。锁止钳有多种尺寸和钳口外形，汽车修理中应用在许多作业上。

⑤斜嘴钳或剪切钳。用来剪切汽车上的电线接头、开口销和金属丝。钳口有非常硬的

剪切刃。

⑥卡环钳。钳口通常是凹形或锯齿形的，属于拆装卡环的专用钳。

⑦锁固钳。钳头呈尖弯状，有可换钳爪的锁环钳与固定钳爪之分。

(6) 锤子

锤子用其头部的材料和质量来区分，锤头分为硬面和软面两类。锤头用橡胶、塑胶、铅、黄铜和钢材制成。钢质锤头用高级合金钢制造，具有合适硬度。软面锤用在机加工和不需要抛光的表面的敲打找正。如用黄铜锤敲击齿轮或轴承，可以避免齿轮或轴承损坏。

(7) 凿子和冲子

凿子是用锤子敲击切割金属的工具，汽车维修要用各种凿子切割薄金属板、剪断铆钉和螺栓头、分离生锈的螺母以及切削金属。凿子有平凿、拐角凿、圆头凿和菱形尖头凿。

冲子用来冲掉销子、铆钉和杆，在装配零件时也用于对准孔，还能在钻孔时定心，冲子用其尖端直径和外形来区分。

(8) 手锯

手锯用于切割金属，锯条分为细齿和粗齿，细齿适合切割薄金属板，粗齿适合切割厚金属板。使用时把锯条装到锯弓上，锯弓有固定式与可调式，使用手锯时不要用力下压锯条，防止锯条变钝，切割时用锯条的全长。

(9) 锉刀

常用的锉刀有方形、三角形、矩形（平板形）、圆形或半圆形，尺寸和粗糙度各有不同。最常用的是带有单纹或双纹的半圆形和平板形锉刀，单纹锉刀的切槽在锉面上呈对角排列，双纹锉刀的切槽在锉面的两边呈对角排列，双纹锉刀的切削能力大，是最好的切削锉刀或打毛锉刀，单纹锉刀的切削能力较小，常用于修面锉削。

锉刀柄装有塑料或木头把手。锉刀只能在向前行程中进行磨削。粗齿锉刀适用于磨削软金属，细齿锉刀则适用于钢或其他硬金属。

保持锉刀清洁、干燥，避免接触油脂，要用专用的锉刀钢丝刷清除锉齿中的金属屑。汽车修理作业中常用来修磨金属边缘或表面。

(10) 拆卸工具

汽车维修中经常会遇到生锈、腐蚀的螺栓螺母和过盈装配的部件，拆卸时需要用专用工具。

①双头螺柱拆卸工具。生锈、腐蚀和长期受热可能导致如带帽螺钉和双头螺柱等汽车紧固件发生黏结。带帽螺钉可以用梅花扳手或套筒拧松，而双头螺柱则需要设计一种专用夹持工具才能拧松。

双头螺柱拆卸工具也用于双头螺柱安装。该工具有硬化的滚花或开槽偏心滚子或卡爪，可以将螺柱紧紧夹住，双头螺柱拆除或安装工具要用套筒或扳手转动。

②螺栓拆卸器。用于拆卸断在零件表面以下的螺钉和螺栓，螺钉拆卸器套件包括螺旋钻头、槽式拉出器和六角螺母。螺钉拆卸器能够将抓取力分布在螺柱全长上，减小螺钉或螺柱的膨胀趋势，便于拆卸。拆卸螺栓时先在螺栓中钻孔，再把拆卸器装入钻孔后，其牙纹将钻孔卡住，很方便地将螺栓旋出。也可用凿子和锤子逆时针方向冲击断在孔中的螺栓，将螺栓松动并拆下。

③齿轮和轴承拉出器。齿轮和轴承安装到轴或壳体上时有的是过盈配合。例如，连杆小端孔与衬套就是过盈配合。过盈配合可以防止零件的相互移动。拆卸齿轮和轴承，撬动或锤打都能使零件断裂或变形，更难拆。因此，应当使用合适的拉出器进行。

为了适应内外牵拉，拉出器设计了多种类型，配有多种长度和外形的钳爪配合使用，以适应不同的作业条件，应合理选用。

④衬套和密封件拉出器与压入器。衬套和密封件拉出器与压入器是常用的专用工具，成套的包括多种样式的轴套、密封件拉出器和压入器。拉出器是螺杆式或滑锤式工具。必须根据作业选用合适的工具，防止损坏衬套和密封件。

密封件压入器是用来装密封件的，应垂直压入密封口，然后用软面锤敲打密封件压入器，使密封件平顺装入壳体。在市场上出售的密封件压入器工具包很多，应合理选用。

⑤维修照明灯。维修汽车底部或内部时，需要有充足的光线。维修照明灯应选用安全可靠的，保证使用安全和便于使用。

2. 动力工具

使用动力工具时首先要检查工具上的安全装置和设备是否完好，其次能够按照操作指令安全操作工具，同时务必佩戴合适的眼睛保护器具。若用气动工具还应检查气管是否存在局部鼓胀、磨破等迹象，若用液压工具还应检查液压管和压力表是否有漏液和压力不正常现象。在确保附近无其他人员后方能使用动力工具，工具运转期间不能离开工作现场。

动力工具使维修工作省力便捷，动力工具比手动工具动作更快，扭矩更大。动力由空气（气动）、电力或液力供给，用来旋松螺母和螺栓。

（1）冲击扳手

冲击扳手是一种手持便携式可反转扳手，冲击扳手有气压或电力驱动两种，是用压缩空气或电力锤打或冲击螺母或螺栓，使其变松或旋紧。重型冲击扳手可以输出607.5 N·m的力矩。启动时，输出轴上的冲击套筒先被旋紧，然后以2 000～14 000 r/min的速度空转，转速取决于扳手的型号。当冲击扳手遇到阻力时，位于端头附近由弹簧加力的小锤就会敲击固定在传动轴的铁砧，而传动轴上装有套筒，每次敲击都会使套筒移动一段距离，直至达到力矩平衡，力矩平衡就是螺栓拧紧扭矩与扳手输出力矩相等。使用气压冲击扳手时，必须选用冲击套筒及其接杆。

轻型冲击扳手的传动机构有1/4in、3/8in和1/2in（6.35mm、9.54mm和12.7mm）三种尺寸，而重型冲击扳手只有3/4in（19mm）和1in（25.4mm）两种尺寸，使用时注意选用。

（2）气动棘轮

气动棘轮与手动棘轮一样，具有能够伸到其他工具不易接近区域进行作业的特殊能力，其转角装置能进入其他手动或动力扳手不便操作的地方，将紧固件旋松或拧紧。气动棘轮对力矩不敏感，因此，紧固件被气动棘轮旋紧后，应使用扭力扳手拧紧到规定力矩。

（3）气动钻

气（风）动钻常用的有1/4in、3/8in和1/2in（6.35mm、9.54mm和12.7mm），其操作方法与电钻很相似。

（4）喷气枪

喷气枪用来吹掉零件或总成表面的尘屑，使用喷气枪前，需要确保喷气孔没有被改动过而且畅通。禁止用喷气枪对着人喷，吹尘屑时请让其他人员离开现场。

（5）维修设备

汽车维修中的工具和设备，常用的有台钳、砂轮机、千斤顶、举升器、压床和电动工具等。

①台钳。修理作业时经常要从汽车上拆下部件或总成，再拆卸成零件，才能进行维修作业。通常用固定在工作台上的虎钳夹持，用钳口将待拆部件夹紧，然后拆卸就容易多了。应在钳口垫铜皮，防止夹伤零件。

②台式砂轮机。电动砂轮机一般用螺栓固定在工作台上，砂轮机应有安全盾牌和防护罩，使用砂轮机时要始终注意保护砂轮承磨表面。砂轮机根据轮盘的大小来分级，6～10in轮盘在汽车维修店中最常见。台式砂轮机使用的轮盘有三种类型：砂轮，用于磨尖切削工具和去毛刺等多种研磨作业；钢丝刷盘，一般用于清理与打磨，去除铁锈、污垢沉积、油漆以及毛刺等；抛光轮，一般用于研磨、抛光和轻微磨削。

③压床。汽车维修作业中要使用动力来拆卸和装配过盈配合的零部件，如拆压制动鼓和柱销、组装变速箱总成等。压床有用液力、电力、气压或人力来驱动的，最高压力可以达到150t。常用的有小型的门架式、悬臂式、大型冲床等。

④黄油枪。黄油枪用于将润滑脂注入润滑脂嘴，有手动黄油枪和气动黄油枪。

二、压缩空气的安全使用

压缩空气已经越来越多地应用在汽车维修中，在使用压缩空气时一定要检查气管是否有损坏或有损坏前的征兆，如果发现有漏气、鼓胀、磨破或接头损坏等现象应停止使用。

三、举升设备的安全使用

在维修作业中需要将汽车局部或整体举升时，就要使用千斤顶或汽车举升机举升汽车。在使用每种举升工具时都必须遵守相应的安全规程。

1. 千斤顶和支座的安全使用

当汽车需要局部抬离地面时使用千斤顶。使用前要检查其有无液压油泄漏和危及安全使用的损坏。举升前，要在前后轮胎旁放置挡轮块。举起后，需要在车架或有较大强度的部件上的四个方位各放置一只安全支座。同时禁止在未用安全支座支承的汽车下面进行维修作业。图2－1为现在应用较广泛的一种落地式千斤顶。

2. 整车举升机的安全使用

当汽车需要整车抬离地面时一般使用举升机。使用整车举升机时，将顶盘放置在正确的支撑部位，调整顶盘高度至与支撑部位接触良好后，将车辆举升至足够的维修作业高度并将锁止机构锁止。车辆落在整车举升机上时要求举升机的搭架宽度必须超出车宽。同时注意拆卸车上较重部件时保持车辆的平衡。图 2－2 为常见的三种修理车间用固定式举升机。

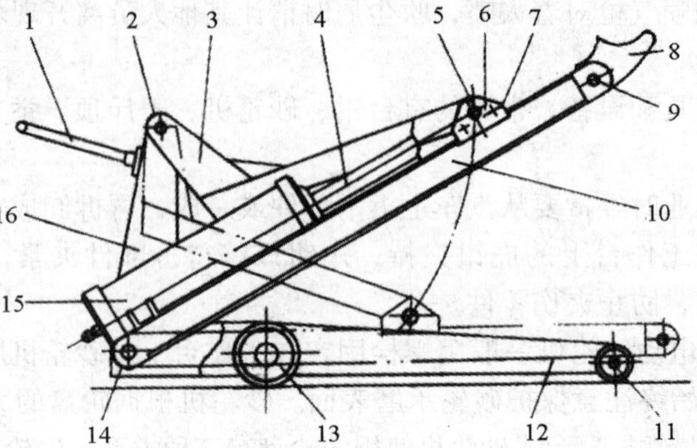

图 2－1　落地式千斤顶

1—摇臂；2、5、7、9、14—销轴；3—拉臂；4—活塞杆；6—滑动座；8—托板；10—举升臂；11 、13—车轮；12—车架；15—油缸；16—立架

(a)双柱式　　(b)剪板式　　(c)四柱式

图 2－2　举升机

任务三　汽车电气系统维修的安全问题

从事蓄电池维护和起动系统、充电系统、安全气囊等系统维修作业时，主要进行的是电气方面的维修。电气系统的维修不同于机械系统，维修时要注意避免由于维修不当造成其他系统部件的损坏以及每个系统所特有的维修安全注意事项。

一、蓄电池维护时的安全问题

在进行蓄电池维护作业或在蓄电池旁边作业时，应注意以下安全事项：

1. 酸液不可接触皮肤、眼睛和衣物。

2. 注意极性不能接反。
3. 拆解蓄电池时先拆负极电线。
4. 连接蓄电池电线时要后接负极电线。
5. 蓄电池充电时要保证有良好的通风。
6. 当电解液液面过低时应及时添加蒸馏水。

二、起动系统维修时的安全问题

在进行起动系统维修作业时，应注意以下安全事项：
1. 分开起动机电路接线或拆下起动电动机之前，要分开蓄电池搭铁电线。
2. 进行起动试验时，需要先把变速器挂入驻车挡或空挡并拉紧驻车制动手柄。
3. 起动系统部件需用压缩空气吹干，用变性酒精清洗或用洁净布擦干。

三、充电系统维修时的安全问题

在进行充电系统维修、维护作业时，应注意以下安全事项：
1. 当蓄电池接入后，不能从车上拆下电气部件。
2. 点火开关置于“OFF”位置时方能进行插、拔插接器。
3. 当蓄电池进行补充充电时，应分开蓄电池电线。
4. 进行充电系统试验时，注意输出电压小于16V。
5. 接通蓄电池后就不能再接触交流发电机的BAT端子。

四、安全气囊系统维修时的安全问题

安全气囊是由气囊和充气器组成的单独组件。在进行安全气囊的维修作业时，为防止气囊的偶然胀开，要求在进行维修作业时，不能将手臂放在组件上方，以防一旦气囊胀开而弄伤手。同时为了防止事故中由蓄电池损坏或电线分开而导致气囊不能打开现象的发生，安全气囊系统都装有不用蓄电池电源亦能使之胀开的部件。因此，维修安全气囊系统时要遵守维修手册中的警告内容。

查找安全气囊系统故障，不准使用带电源（干电池或交流电源）的电压表、欧姆表等仪表。除了维修手册中指明的设备外，不准使用其他的设备，更不准使用试灯来查找系统故障。

在对安全气囊系统进行修理或更换安全气囊系统的部件前，要始终让蓄电池负极电线分开。

五、防抱死制动系统（ABS）维修时的安全问题

在对防抱死制动系统进行维修前，由于系统有多种类型，因此要阅读维修手册以便熟

Project 01
Project 02
Project 03
Project 04
Project 05

悉所维修系统的有关注意事项。

ABS系统有些部件是不需要维修的，因此不能拆下或拆分某些部件。维修时要参照维修手册。同时ABS系统中有贮存压力液体的蓄能器，在检测操作时需要分开管子、软管和插头。在分开管路或插头之前，必须让蓄能器完全泄压。系统泄压要按维修手册中的步骤进行。

任务四　维修资料检索

随着汽车技术的发展，维修资料和数据对于汽车维修已经起到越来越重要的作用。全面准确地掌握维修技术资料是现代汽车诊断修理的必备条件之一。因而，查阅资料和数据逐渐成为判断汽车故障及排除故障的重要手段。

目前，国内市场维修资料的来源多种多样，按照不同的媒体划分，主要形式有：维修手册和技术资料、正规出版的汽车维修和参考书籍、专业杂志和报纸、维修资料数据库光盘、网上查询数据库等。

一、维修手册

维修手册是指汽车制造商向其特约维修站提供的技术资料。该类资料是针对具体车型或总成编辑的资料。由于制造商直接提供维修数据，可以保证资料的准确性。制造厂通过发布增补本或技术公报对技术内容进行更新。

二、维修资料

维修资料主要指以书籍或光盘为载体，详细阐述机动车各种技术装置的结构与原理、生产组织与工艺过程、维修方法与操作经验。维修资料是获取系统知识、解决不熟悉问题的最有效的途径。例如：《汽车维修技工自修丛书》《自动变速器检修指导》《捷达轿车的使用与维修》《现代汽车维修》《英汉汽车维修技术词典》《BOSCH汽车工程手册》《德汉汽车工程词典》《新编日汉汽车技术词典》等都是较普及的专业书籍。

三、专业杂志与报纸

专业杂志与报纸因其数量大、品种多、内容新颖、学科宽广、信息多、文种多、报道迅速、反映及时的特点而受到维修从业人员的青睐。通过杂志和报纸提供的技术交流平台，可使维修人员能及时地了解新技术动态、维修技巧和技术专题。较常见的汽车专业杂志有：《汽车周报》《汽车维修与保养》《中国汽车界》《中国机械工程文摘》《当代汽车报》等。

四、汽车维修数据库

随着车型的增多以及车辆技术含量的不断提高，维修资料也越来越繁多。为了更全面、更快捷地找到相应车型的维修资料，越来越多的维修企业已逐渐建立起了维修资料数据库。维修数据库包括车辆每个系统全部的结构、诊断检测和维修数据等。它具有资料容量大、数据齐全准确、使用方便等优点。

五、网上资料查询

随着网络资源的日益丰富，人们利用搜索引擎上网查找资料已是一种普遍现象。用户只需要打开搜索网页，在提供搜索查询界面上输入检索信息即可以查询到与检索信息相关的资料。

可以查询汽车相关资料的网站一般有综合性的汽车频道网站、汽车专业网站、汽车企业公司网站、汽车文化社区和地方汽车网站等多种类型。用户可根据需要查询相应的网站。

1. 综合性的汽车频道网站有搜狐、新浪网、Google 等网站。
2. 汽车专业网站有笛威欧亚汽车维修网站等。
3. 汽车企业公司网站有上海通用公司（http：//www. shanghaigm. com）、广州本田（http：//www. guangzhouhonda. com. cn）等。
4. 汽车文化社区网站有天涯、汽车时代等论坛。
5. 汽车文化社区和地方汽车网站有中车在线等。

任务五　常用检验仪器的使用

在汽车质量检验过程中，为了获得检测和诊断参数测量值，质量检测人员要选择合适的测量仪表、仪器或设备，组成维修质量检测系统，按照一定的测量条件和检测方法，对汽车维修质量进行检测、分析和判断。常用检验、检测设备和量具的正确使用与否，对汽车维修质量检验结果将产生较大影响，必须引起高度重视。

一、解码器的使用

解码器的使用方法以元征的 X－431 为例进行介绍。

1. 使用 X－431 的准备与连接

（1）一般测试条件：

①打开汽车电源开关；

②汽车蓄电池电压应在 11～14V，X－431 的额定电压为 12V；

③节气门应处于关闭状态，即怠速结合点闭合；

④点火正时和怠速应在标准范围，水温和变速器的油温达到正常工作温度（水温为90～110℃，变速器的油温为50～80℃）；

⑤X－431正常使用环境温度范围为0～50℃（在环境温度5℃左右开机后，需热机30min左右）。

（2）选择测试插头。测试时，根据汽车诊断座的类型，选择相应的测试插头。

（3）诊断座的位置。不同车型的诊断座的位置会有所不同，测试时可参阅相关资料。

2. 连接X－431电眼睛

（1）将CF卡插入X－431电眼睛CF卡插孔内，注意使印有"UP SIDE"字样的一面朝上，确保插入到位。

（2）将X－431电眼睛测试主线的一端插入SMARTBOX数据接口内。

（3）将X－431电眼睛测试主线的另一端与选择的测试插头相连接。

（4）将测试插头的另一端与汽车诊断座相连接。

（5）具体连接参考图2－3和图2－4。

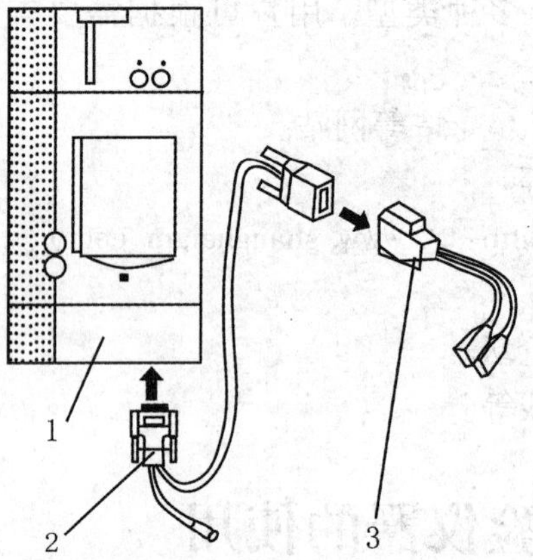

图2－3　连接参考图（一）

1—SMARTBOX；2—测试主线；3—测试插头

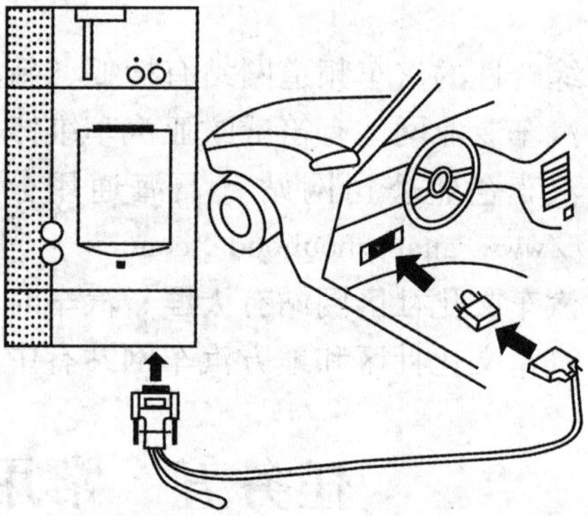

图2－4　连接参考图（二）

二、示波器的使用

示波器的操作控制，主要指对Y轴电压和X轴时间的控制。非微机控制的示波器，一般采用开关、按键和旋钮等实现对波形垂直幅度、水平幅度、垂直位置、水平位置和亮度等的调整。微机控制的示波器，多采用菜单式操作，只需在各级菜单上选择测试项目，无须任何设定和调整，可以直接观测波形。

三、废气排放检测设备的使用

1. 废气分析仪的使用

废气分析仪仪器使用前应先预热 30min 以上，然后对规定的部位进行检查并使被检车辆的发动机达到规定热车温度。准备工作结束后按照图 2－5 所示，将废气分析仪的量程开关放在最大挡，然后被检车以 0.7 倍额定转速运转 60s 后，降至规定怠速转速，插入采样导管，深度等于 400mm，边看指针边变换量程转换开关，选择合适的排气气体浓度的挡位维持 1.5s，读取 30s 内的最高值和最低值，其平均值为测量结果，如图 2－6 所示。

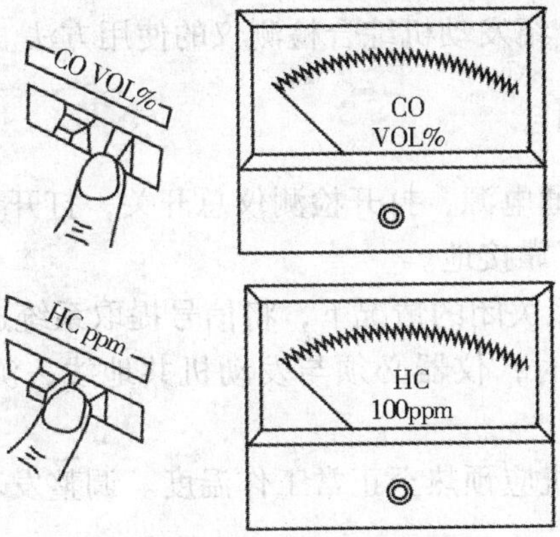

图 2－5　废气分析仪量程开关最大挡位置

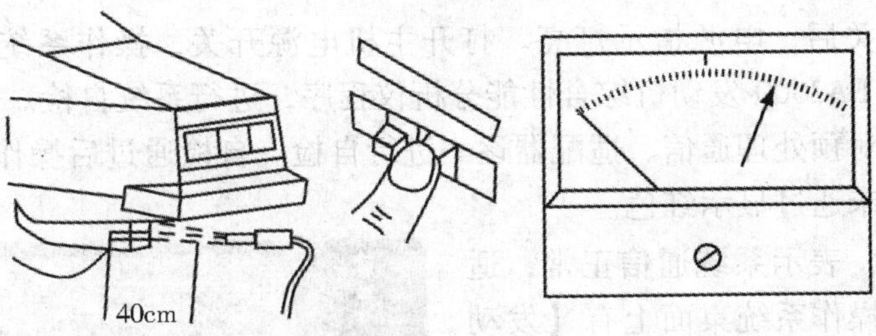

图 2－6　废气分析仪采样头插入排气管的深度及挡位选择

2. 烟度计的使用

烟度计在使用前先进行指针调零、标准烟样的调整、检查部件工作情况和压力是否符合要求等准备工作，然后使得被检车辆和燃油达到检测标准后再进行烟度测量。具体步骤为：

（1）用压力为 0.3～0.4MPa 的压缩空气清洗取样管路。

（2）把抽气泵置于待抽气位置，将洁白的滤纸置于待取样位置，将滤纸夹紧。

（3）将取样探头固定于排气管内，插入深度等于300mm，并使其轴线与排气管轴线平行。

（4）将脚踏开关引入汽车驾驶室内，但暂不固定在加速踏板上。

（5）按照自由加速工况的规定加速3次，以清除排气系统中的积存物。然后，把脚踏开关固定在加速踏板上，进行实测。

（6）测量取样，按照自由加速工况规定的自由加速烟度测量规程，将加速踏板与脚踏开关一并迅速踩到底，持续4s后立刻松开，维持怠速运转，循环测量4次，取后3个循环烟度读数的算术平均值作为所测烟度值。

（7）在被染黑的滤纸上记下试验序号、试验工况和试验日期后，关闭电源和气源。

四、汽车发动机综合检测仪的使用

现以国产EA2000为例介绍发动机综合检测仪的使用方法。

1. 检测前的准备工作

（1）检测仪的准备。接通电源，打开检测仪总开关，打开计算机主机开关和显示器开关，暖机20min。电源必须可靠接地。

在发动机不工作和点火系关闭的情况下，将信号提取系统连接到被测发动机上。

在测试电喷发动机ECU时，仪器必须与发动机共地线，测试人员必须随时与汽车车身接触。

（2）发动机准备。发动机应预热至正常工作温度。调整发动机怠速，怠速转速应在规定范围内。发动机保持运转。

2. 起动检测仪

开启电源总开关后，电源指示灯亮。打开主机电源开关，操作系统开始运行，正常后，系统自动执行EA2000发动机综合性能分析仪程序，进行系统自检。

检测仪主机将对预处理通信、适配器逐一进行自检。自检通过后操作系统桌面上对应图标显示为绿色，未通过显示红色。

全部自检通过，表示系统通信正常，适配器可靠连接。在操作系统桌面上有【发动机分析仪】测试程序和【服务程序】图标，双击其图标可以分别启动该程序。

单击【发动机分析仪】图标进入【检测界面】菜单，在【检测界面】上单击相应菜单可进行选择项目的操作。

首先在“用户资料录入”中，单击“修改”按钮，录入汽车用户资料，然后单击“确定”按钮，显示屏出现检测界面菜单，如图2－7所示。

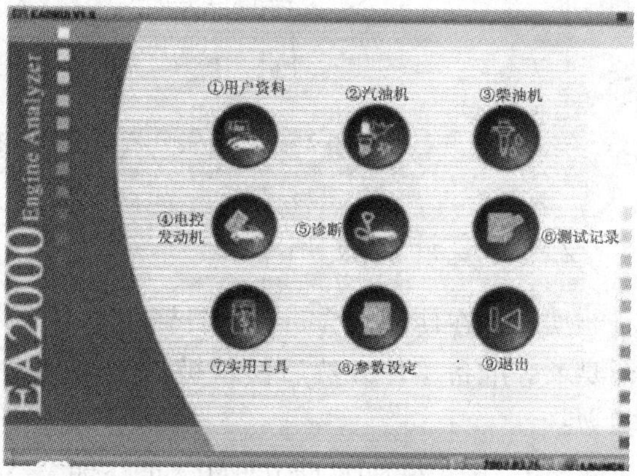

图2－7　检测界面菜单

在检测菜单中，根据测试对象，选择“汽油机”“柴油机”“电控发动机”或“诊断”等检测项目。检测菜单框架结构如图 2－8 所示。如果前述步骤中未进行汽车用户资料录入，则选择“参数设定”，单击“修改”按钮，录入汽车用户资料后单击“确定”即可。

如需清除以前测试的数据，单击显示器下方的“清除数据”按钮。

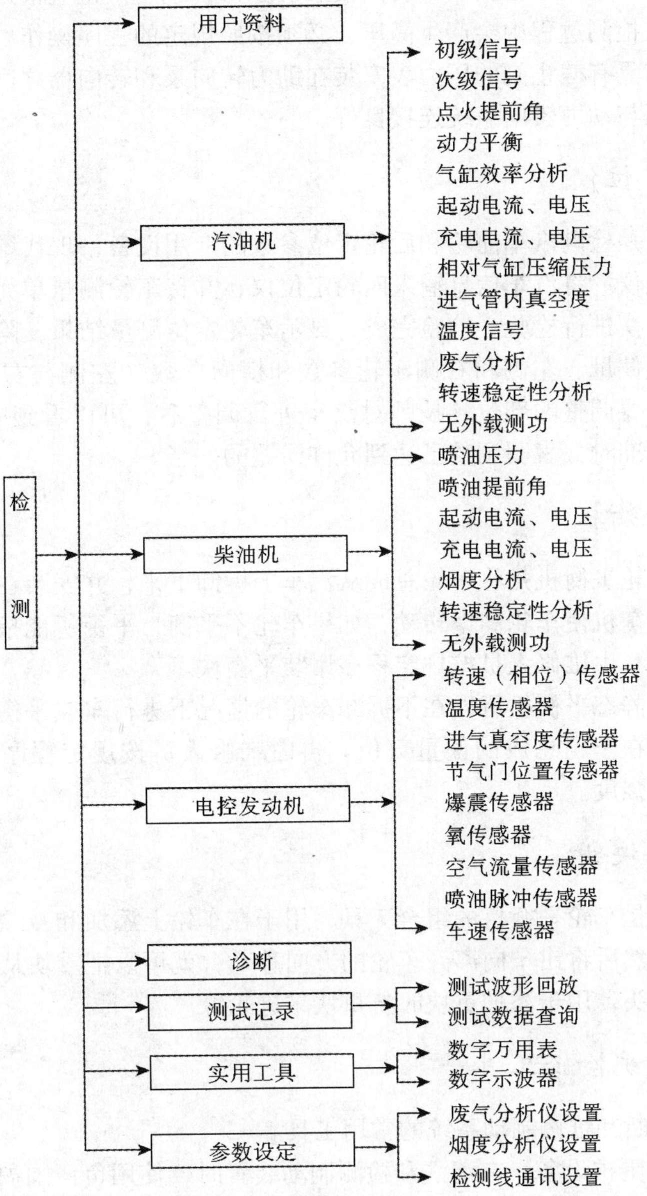

图 2－8 检测菜单框架结构

五、底盘检测仪器的使用简介

1. 动力转向压力表

动力转向压力表用于检测动力转向油泵的压力，也用于检查液压动力制动系统。因为动力转向油泵在检测过程中会产生高压，必须按照规定的程序操作。

检测时，将具有截止阀的压力表安装在助力转向泵和转向器之间，要选用适当的接头进行连接，保证与动力转向系统连接良好。

2. 四轮定位仪

四轮定位仪是检测汽车前轮和后轮定位参数的专用设备，现代维修厂都配备有计算机控制的四轮定位仪。将汽车信息输入四轮定位仪，并将车轮测量单元安装到车轮上，四轮定位仪对车轮偏摆进行检验。检验完成，显示车轮定位测量结果。除了正常的定位参数之外，还能显示跑偏量、左侧和右侧车轮参数和横向参数（左侧与右侧之间允许的差值）。技师就会调整需要调整的部位，技师对汽车进行调整后，可以看到中央滑块向目标移动，当滑块与目标对准时，表明调整已达到允许误差的一半。

3. 车轮平衡机

最常用的车轮平衡机是将车轮总成从汽车上拆卸下来，并安装在平衡机转轴上进行检测。检测中，平衡机使车轮高速转动，如果车轮不平衡，平衡机能指示出车轮需添加重块的部位以及质量。由维修人员按规定程序钳装平衡块。

电控动态与静态平衡机可以在不拆卸车轮的情况下进行车轮平衡检测。检测时，平衡机的闪光灯照射在车轮总成的偏重部位。再由维修人员按规定程序钳装平衡块，高效安全，减小了劳动强度。

4. 车轮重块钳

车轮重块钳是车轮平衡机的组合工具，用于在车轮上添加和减除铅制重块。将钳嘴插入重块的孔内，然后将钳子向离开车轮的方向移动，就可以把重块从车轮上扣下来。钳嘴背面是个塑料榔头，用于添加重块时将重块敲进轮缘。

5. 制动系统检修工具

下面介绍诊断和维修制动系统的常用工具。

（1）清洗与围护设备：在清洗和检测制动装置时，使用负压围护罩和高效微粒空气过滤真空系统，把整个制动器总成围护起来，使操作在严密封闭的装置内进行。这些装置能够防止石棉纤维飘散到空气中，并能从外部清楚地看到操作过程。在整个工作过程中，真空泵和高效微粒空气过滤器使围护装置内保持负压力，减小污染和对维修人员的伤害。

低压湿式清洗系统可以清洗掉制动器内的污垢，并将用过的清洗液保留在容器中，容器内的清洗液是水和有机溶剂或湿润剂的混合物。为了防止含有石棉的尘垢进入空气，要控制清洗液的流速，使制动器得到轻微的冲刷。

（2）保持弹簧和回位弹簧检修工具：鼓式制动器的制动蹄回位弹簧非常硬，需要使用专用工具进行拆卸和安装。回位弹簧专用工具都具有特制的承窝和钩嘴，用于拆卸和安装弹簧端头，有些专用工具的结构很像钳子的制动弹簧钳。制动蹄保持弹簧比回位弹簧软，这种弹簧可以直接用手进行拆装。一种保持弹簧拆装工具很像是螺丝起子与螺母套筒的结合，这种特殊形状可以扣紧并转动弹簧的固定垫圈。

（3）盘式制动器的防尘套拆装专用工具：盘式制动器的防尘套安装在制动钳体和制动活塞之间，防止灰尘和水汽进入制动钳油缸内。有专用冲头用于安装防尘套及其金属密封圈，使密封圈紧紧安装在制动钳体上。将圆形冲头与顶着制动钳的防尘套对中，然后用榔头敲击冲头将防尘套安装就位。有些防尘套在安装轮缸活塞之前装入制动钳缸的槽内，安装时要用专用扩环或钳子将防尘套的口撑开，使活塞能够穿过衬套到达安装位置。

六、暖风和空调系统检修工具使用简介

下面介绍暖风和空调系统的诊断和维修工具。

1. 管压表

管压表用于空调系统排出制冷剂、补充制冷剂、抽真空和故障诊断。按照制冷剂处理新法规，管压表必须具有能够封闭管端的阀门装置，以便将未用的接头自动关闭。高、低压表分别用于检测空调系统的高、低压部分，压力表的管路可以控制制冷剂流量。将管压表连接到空调系统时，两个压力表就会指示系统压力。

由于 R-134a 系统与 R-12 系统不能互换，所以维修中就需要使用各自的连接软管、压力表和其他装置。维修 R-134a 系统和 R-12 系统的所有装置都要符合 SAE J1991 标准。管压表软管在接头处必须设有手动或自动逆流阀，以防制冷剂在管路连接和拆卸时泄漏到大气中。

用于 R-134a 系统的管压表可以根据表上的标签或浅蓝色表盘进行识别。用于维修 R-134a系统的软管都有黑色条纹并有清晰标签，低压软管为蓝色带有黑色条纹，高压软管为红色带有黑色条纹，中间软管为黄色带有黑色条纹。由于用于 R-134a 系统和 R-12 系统的管接头不同，可以有效防止错用。

2. 维修口转接套件

为了将管压表连接到暖风和空调系统中，有时需要使用专用转接件。许多安装 R-12 系统的汽车高压侧管接头需要使用专用转接件将管压表与维修口连接。有些管压表的软管不带截止阀锁止销，所以必须使用转接件。R-134a 系统和 R-12 系统的管压表不可互用，所以二者的转接件也不可互换。

任务六 常用检测仪表的使用

一、汽车专用数字万用表的使用

1. 汽车专用数字万用表的使用方法

如图2-9所示为汽车专用数字万用表，其功能及使用如下：

（1）信号频率的检测。将功能选择开关转至频率挡（Freq），公用插座（com）的测试线接搭铁，VΩHz插座的测试线接被测的信号线，此时在显示器上即可读取被测信号的频率。

（2）温度的检测。将功能选择开关置于温度挡（Temp），把温度探针插入温度检测插座，按动温度测量单位选择钮（℃/F），再用温度探针接触所测物体的表面，显示器即显示出所测物体的温度。

（3）闭合角的检测。将功能选择开关转至相应发动机气缸数的闭合角测量位置（Dwell），公用插座（com）的测试线接搭铁，VΩHz插座的测试线接点火线圈负极接线柱，在发动机运转时显示器即能显示出点火线圈初级电流增长的时间（即闭合角，也叫导通角）。

图2-9 汽车专用数字万用表

（4）占空比的检测。将功能选择开关转至占空比测量位置（DutyCycle），公用插座（com）的测试线接搭铁，VΩHz插座的测试线接被测的信号线，显示器即显示出被测电路一个工作循环（周期）中脉冲信号保持时间所占的相对百分数，即占空比。

（5）转速的测量。将功能选择开关置于转速挡（RPM），将转速测量的专用插头插入公用插座和VΩHz插座，再将感应式转速传感器的夹子夹到某缸的高压分线上，在发动机工作时显示器即显示出发动机的转速。

（6）起动机起动电流的检查。将功能选择开关置于400mV挡（1mV相当于1A的电流，即用测量电流传感器电压的方法来测量起动机起动电流），把霍尔效应式电流传感器的夹子夹在蓄电池的电源线上，按动最小/最大按钮（Min/Max），拆除点火线圈上的低压线插头，并转动发电机曲轴2~3s，显示器即能显示出起动电流。

（7）氧传感器的检测。首先拆下氧传感器线束，将功能选择开关置于4V挡，按动DC/AC按钮并置于DC状态；再按Min/Max按钮，使公用插座的测试线接搭铁，VΩHz插座的测试线与氧传感器的跨接线相连；让发动机运转至怠速（约2 000r/min），此时氧传感器的工作温度可达360℃以上。排气浓时，氧传感器的输出电压约为0.8V；排气稀时，输出电压在0.1~0.2V。当氧传感器的工作温度低于360℃时，则无电压信号输出。

（8）喷油器喷油脉宽的测量。先将功能选择开关转至占空比（DutyCycle）位置，测量出喷油器喷油的占空比后，再将功能选择开关置于频率挡（Freq），测量出喷油器的工作频率，按照下面的公式，即可计算出喷油器喷油的脉冲宽度（即喷油时间）。

喷油脉宽 = 占空比（%）/工作频率（s）

2. 汽车专用数字万用表使用时的注意事项

除在测试过程中有特殊指明外，不能用指针式万用表测试电脑和传感器，应使用高阻抗数字式万用表，万用表内阻应不低于10MΩ。

首先检查熔丝、易熔线和接线端子的状况，在排除这些地方的故障后，再用万用表进行检查。

在测量电压时，点火开关应接通（ON），蓄电池电压应不低于11V。

在用万用表检查防水型插接器时，应小心取下皮套；用测试表笔插入插接器检查时，不可对端子用力过大；检测时，测试表笔可以从带有配线的后端插入，也可以从没有配线的前端插入。

测量电阻时要在垂直和水平方向轻轻摇动导线，以提高准确性。

检查线路断路故障时，应先脱开电脑和相应传感器的插接器，然后测量插接器相应端子间的电阻，以确定是否有断路或接触不良故障。

检查线路搭铁短路故障时，应先拆开线路两端的插接器，然后测量插接器被测端子与车身（搭铁）之间的电阻值。电阻值小于1Ω为无故障。

二、真空表的使用

真空表的使用方法如下：

1. 使发动机运转在正常工作温度下，并对点火系进行调整，使发动机保持稳定怠速运转。

2. 将真空表用一根胶管连接到进气歧管的真空连接管上。

3. 观察真空表指针的指示值，并通过改变发动机的转速，观察真空度的变化情况，分析、判断发动机在不同工况下的技术状况。

三、气缸压力表的使用

气缸压力表如图2－10所示，其使用方法如下：

1. 起动发动机并运转到正常工作温度，旋下全部火花塞（汽油发动机）或喷油器（柴油发动机）。

2. 汽油发动机必须将节气门和阻风门完全打开，把气缸压力表的锥形橡胶圈压紧在火花塞座孔上。

3. 柴油发动机必须采用螺纹接口式气缸压力表，将气缸压力表螺纹接口旋入喷油器座孔内。

4. 用起动机带动曲轴旋转 3 ~ 5s，使发动机转速保持在 150 ~ 180r/min（汽油发动机）或 500r/min（柴油发动机），这时气缸压力表所指示的压力值，就是该气缸的气缸压缩力。

5. 按下气缸压力表上的放气阀，压力表指针归零。

6. 在实际测量气缸压缩力时，每个气缸应重复 2 ~ 3 次。

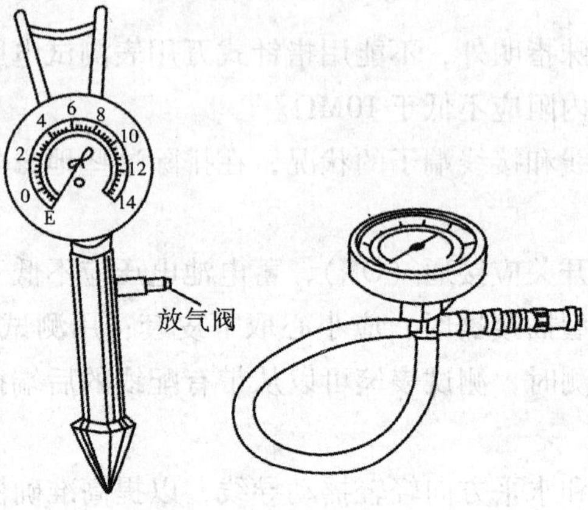

图 2 – 10　气缸压力表

四、轮胎气压表的使用

轮胎气压表如图 2 – 11 所示，其使用方法如下：

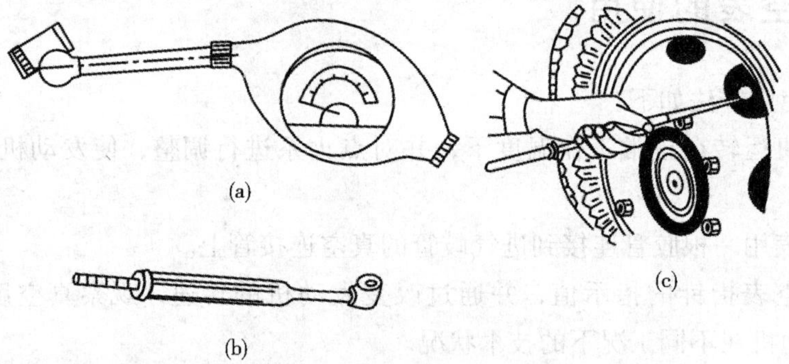

图 2 – 11　轮胎气压表

1. 将轮胎气压表测量端槽口与轮胎气门嘴对正压紧。

2. 这时轮胎气压表指针发生偏转，其指示值即为该轮胎的充气压力；或者轮胎气压表标杆在气压作用下被推出，这时标杆上所显示的数值即为该轮胎的充气压力。

任务七　常用检验量具的使用

一、塞尺的使用

1. 塞尺的使用方法

（1）用干净的棉布将塞尺测量表面擦拭干净，不能在沾有油污或金属屑末的情况下进行测量，否则将直接影响测量结果的准确性。

（2）将塞尺插入被测间隙中，如图 2－12 所示，来回拉动塞尺。感到稍有阻力，说明该间隙值接近塞尺上所标出的数值；如果拉动时阻力过大或过小，说明该间隙值小于或大于塞尺上所标出的数值。

（3）进行间隙的测量和调整时，先选择符合间隙规定的塞尺，插入被测间隙中，然后一边调整，一边拉动塞尺，直到感觉稍有阻力时拧紧锁紧螺母，此时塞尺所标出的数值即为被测间隙值。

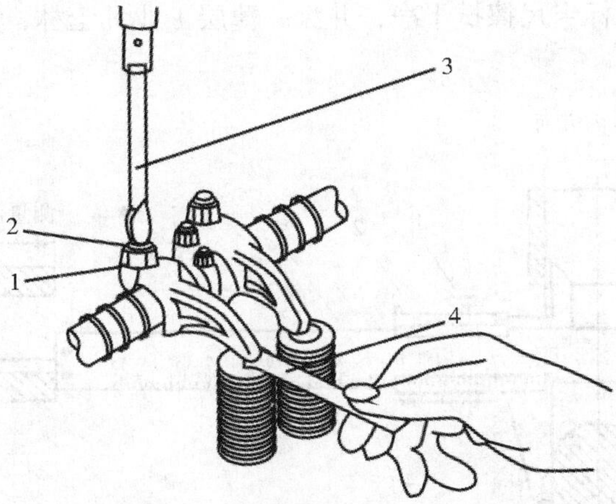

图 2－12　用塞尺测量、调整间隙

1—锁紧螺母；2—调整螺栓；3—旋具；4—塞尺

2. 塞尺的使用注意事项

（1）不允许在测量过程中剧烈弯折塞尺，或用较大的力硬将塞尺插入被检测间隙，否则将损坏（伤）塞尺的测量表面或零件表面的精度。

（2）用毕，应将塞尺擦拭干净，并涂上一薄层工业凡士林，然后将塞尺折回夹框内，以防锈蚀、弯曲、变形而损坏。

（3）存放时，不能放在重物下，以免损坏塞尺。

二、游标卡尺的使用

1. 游标卡尺的使用方法

游标卡尺如图 2－13 所示，其使用方法如下：

（1）使用前，先将工件被测表面和卡脚接触表面擦干净。

（2）测量工件外径时，将活动卡钳向外移动，使两卡脚间距大于工件外径，然后再慢慢地移动副尺，使两卡脚与工件接触。切忌硬卡硬拉，以免影响游标卡尺的精度和读数的准确性。

（3）测量工件内径时，将活动卡钳向内移动，使两卡脚间距小于工件内径，然后再缓慢地向外移动副尺，使两卡脚与工件接触。

（4）测量时，应使游标卡尺与工件垂直，固定锁紧螺钉。测外径时，记下最小尺寸；测内径时，记下最大尺寸。

（5）用深度游标卡尺测量工件深度时，将固定卡脚与工件被测表面平整接触，然后缓慢地移动副尺，使卡脚与工件接触。移动力不宜过大，以免硬压游标而影响测量的精度和读数的准确性。

（6）用毕，应将游标卡尺擦拭干净，并涂一薄层工业凡士林，放入卡尺盒内存放。切忌弯折、重压。

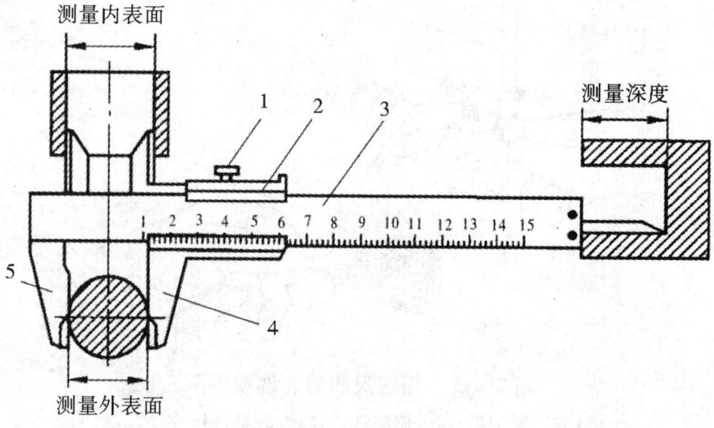

图 2－13　游标卡尺

1—锁紧螺钉；2—副尺（游标）；3—主尺；4—活动卡钳；5—固定卡钳

2. 游标卡尺的读数方法

（1）读出副尺零刻线所指示主尺上左边刻线的毫米整数。

（2）观察副尺上零刻线右边第几条刻线与主尺某一刻线对准，将游标精度乘以副尺上的格数，即为毫米小数值。

（3）将主尺上整数和副尺上的小数值相加即得被测工件的尺寸。

工件尺寸 = 主尺整数 + 游标卡尺精度 × 副尺格数

三、千分尺的使用

1. 千分尺的使用方法

千分尺如图 2 – 14 所示，其使用方法如下：

（1）将工件被测表面擦拭干净，并置于千分尺两砧端之间，使千分尺螺杆轴线与工件中心线垂直或平行。若歪斜着测量，则直接影响到测量的准确性。

（2）旋转旋钮，使砧端与工件测量表面接近，这时改用旋转棘轮盘，直到棘轮发出“咔咔”声响时为止。此时，千分尺的指示值就是工件的测量尺寸。

（3）测量完毕，必须倒转活动套筒后才能取下千分尺。

（4）用毕，应将千分尺擦拭干净，保持清洁，并涂抹一薄层工业凡士林，然后放入盒内保存。禁止重压、弯曲千分尺，且两砧端不得接触，以免影响千分尺精度。

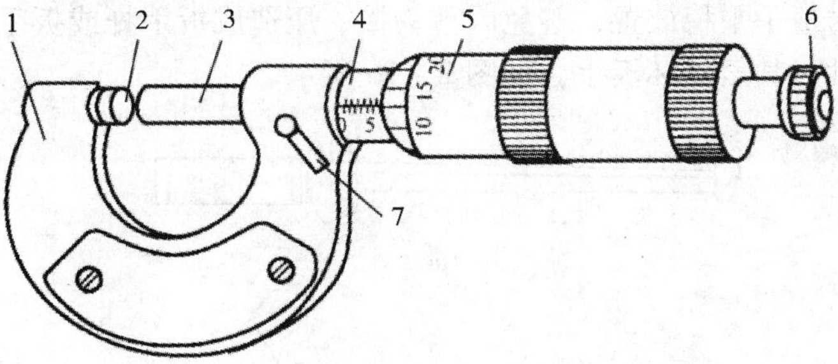

图 2 – 14　千分尺

1—弓架；2—测砧；3—测轴；4—固定套筒；
5—活动套筒；6—限荷棘轮；7—制动销

2. 千分尺的读数方法

（1）从固定套筒上露出的刻线读出工件尺寸的毫米整数和半毫米整数。

（2）从活动套筒上由固定套筒纵向线所对准的刻线读出工件尺寸的小数部分（百分之几毫米）。不足一格的（千分之几毫米），可用估算读法确定。

（3）将两次读数相加就是工件的测量尺寸。

四、百分表的使用

1. 百分表的使用方法

百分表如图 2 – 15 所示，其使用方法如下：

（1）先将百分表固定在表座（支架）上，以测杆端量头抵住被测工件表面，并使量头产生一定的位移（即指针存在一个预偏转值）。

（2）移动被测工件，观察百分表表盘上指针的偏转量，该偏转量即是被测物体的偏差尺寸或间隙值。

2. 使用注意事项

（1）测杆轴线应与被测工件表面垂直，否则将影响测量精度。

（2）百分表用毕，应解除所有的负荷，用干净的布将表面擦拭干净，并在容易生锈的金属表面涂抹一薄层工业凡士林，水平地放在盒内，严禁重压。

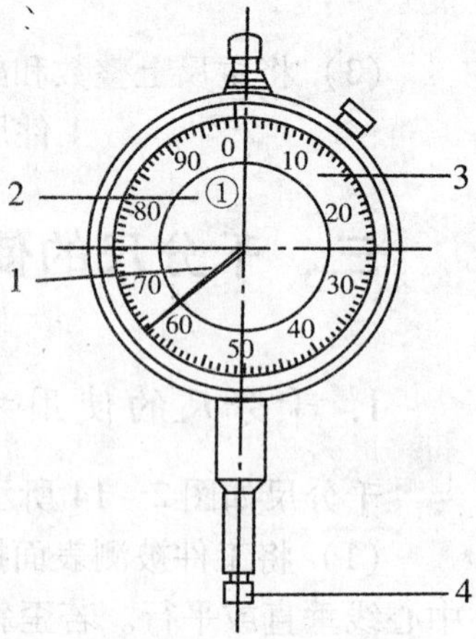

图 2－15　百分表

1—大指针；2—小指针；3—表盘；4—量头

五、扭力扳手的使用

使用扭力扳手必须符合规定，切忌在过载情况下使用，以免造成扭力扳手失准或损坏。用毕应将扭力扳手平稳放置，避免因重物撞、压造成扳手杆或扳手指针变形而影响扳手的精度和准确性，甚至损坏扳手，如图 2－16 所示。

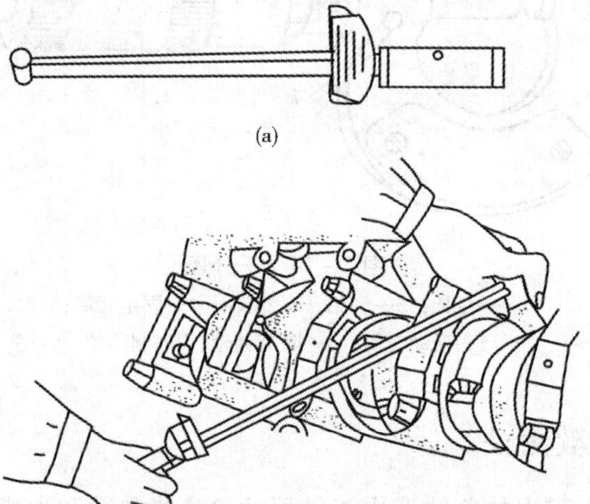

(a)

(b)

图 2－16　扭力扳手及使用方法

技能训练

1. 训练目的

掌握汽车维修质量检验仪器、仪表和量具的正确使用及检测结果的判断与排除。

2. 训练设备和材料

汽车整车、发动机总成等；汽车常用检验仪器、仪表和量具。

项目小结

本项目重点讲述了：

1. 车辆常规维修的安全操作方法、常用工具和设备的安全使用及维修电气系统的安全问题。
2. 车辆维修检验诊断所使用的量具、仪器、仪表、工具的规范操作。
3. 查找汽车维修资料的各种途径和方法，使检验人员能够充分利用全面准确的维修技术资料，在现代汽车诊断修理中迅速判断汽车故障源。
4. 车辆维修检测设备的正确使用。

练习与思考题

1. 车辆维修作业时应注意哪些安全事项？
2. 电气系统维修时应注意哪些事项？
3. 维修资料检索常用的方式有哪些？
4. 简述 X－431 解码器的使用方法。
5. 简述发动机烟度的测量方法。
6. 简述喷油器喷油脉宽的测量方法。
7. 简述气门间隙的测量方法。
8. 简述游标卡尺的使用方法。

项目三 汽车维修质量检验

项目描述

汽车维修质量检验是指汽车维护与修理生产活动中各个环节的质量控制工作，是汽车从进厂，经过解体、维修、装配到竣工出厂全过程中不可缺少的重要工序，是确保维修质量的重要手段，因此，维修企业应具有相应的检测、诊断设备和人员，严格实施汽车维修质量管理，严把维修质量关，以确保维修的车辆符合技术标准。本项目着重从八个方面，以八个任务来介绍相关知识与技能。

学习目标

1. 熟悉汽车维护作业内容，掌握汽车维护质量检验知识。
2. 熟悉汽车修理质量检验知识。
3. 能够规范填写汽车维修技术档案。
4. 掌握汽车环保、安全检测知识。
5. 掌握汽车综合性能检测知识。
6. 掌握汽车底盘功能、车身电气性能检测知识。

任务一 汽车维护质量检验

汽车维修质量检验是指汽车维护与修理生产活动中各个环节的质量控制工作，是汽车从进厂，经过解体、维修、装配到竣工出厂全过程中不可缺少的重要工序，是确保维修质量的重要手段，因此，维修企业应具有相应的检测、诊断设备和人员，严格实施汽车维修质量管理，严把维修质量关，以确保维修的车辆符合技术标准。

一、汽车维护概述

1. 汽车维护的原则

根据交通部2015年发布的《道路运输车辆技术管理规定》(征求意见稿)，车辆维护应贯彻“预防为主、强制维护”的原则。

汽车维护工作是保证汽车良好技术状况的基础，定期按维护间隔里程和作业项目对汽车进行强制维护，可及时发现和消除故障隐患，有效延长汽车使用寿命，防止汽车早期损坏。

2. 汽车维护分类

汽车维护分为定期维护和非定期维护。定期维护分为日常维护、一级维护、二级维护；非定期维护分为换季维护和走合期维护。换季维护是汽车运行环境转换之前，为适应运行条件变化，结合汽车定期维护作业，另外附加一些相应的作业项目进行的维护。走合期维护是汽车在新车出厂或大修后，初期行驶的一段里程（一般为1 000～1 500km，称为走合期）内对汽车所进行的维护。为保证汽车的合理使用，各级维护的间隔里程或使用时间间隔以汽车生产厂家规定的内容为准。

3. 汽车定期维护的内容

（1）日常维护

以清洁、补给和安全检视为作业中心内容，由驾驶员在出车前、行车中、收车后负责执行的车辆维护作业。

（2）一级维护

除日常维护作业外，以清洁、润滑、紧固为作业中心内容，并检查有关制动、操纵等安全部件，由维修企业专业维修工负责执行的车辆维护作业。

（3）二级维护

除一级维护作业外，以检查、调整转向节、转向摇臂、制动蹄片、悬架等经过一定时间的使用容易磨损或变形的安全部件为主，并拆检轮胎，进行轮胎换位，检查调整发动机工作状况和排气污染控制装置等，由维修企业专业维修工负责执行的车辆维护作业。

二、汽车二级维护质量检验

1. 二级维护作业过程

汽车二级维护前首先要进行检测诊断和技术评定。汽车进厂后，根据汽车技术档案的记录资料（包括车辆运行记录、维修记录、检测记录、总成修理记录等）和驾驶员反映的车辆使用技术状况（包括汽车动力性、异响、转向、制动及燃、润料消耗等）确定所需检测项目，依据检测结果及车辆实际技术状况进行故障诊断，从而确定附加作业。附加作业项目确定后与基本作业项目一并进行二级维护作业。

二级维护过程中要进行过程检验，过程检验项目的技术要求应满足有关的技术标准或规范；二级维护作业完成后，维护企业进行竣工检验，竣工检验合格的车辆，由维护企业填写《汽车维护竣工出厂合格证》后方可出厂。

2. 二级维护工艺过程

二级维护工艺过程如图3－1所示。

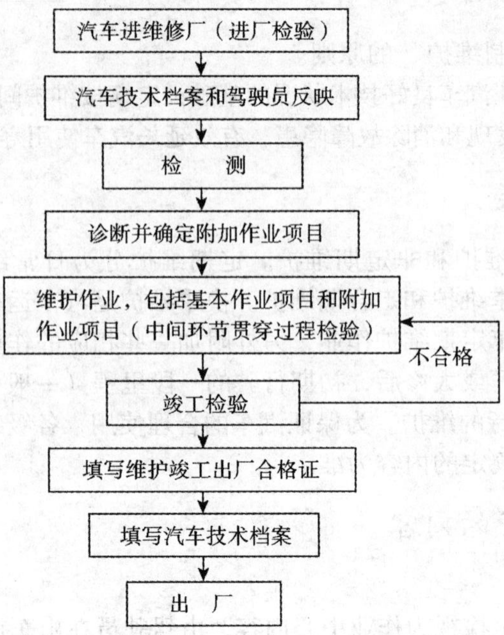

图 3－1　二级维护工艺过程

3. 二级维护前检测项目

（1）发动机起动性能、点火性能、功率、气缸压力、燃油供给系统性能检测。

（2）汽车排放污染物检测。

（3）汽车电控系统故障码检测。

（4）柴油发动机供油提前角、供油间隔角和喷油泵供油压力检测。

（5）制动系统制动力、制动稳定性检测。

（6）转向系统转向盘自由转动量、转向轮定位、车轮动平衡及转向性能检测。

（7）传动系统离合器、变速器、传动轴、前后桥工作性能检测。

（8）行驶系统操纵稳定性检测。

（9）灯光、仪表、信号系统性能检测。

（10）发动机、底盘零部件异响、泄漏检测。

4. 二级维护基本作业项目

（1）检查润滑系统是否有泄漏，机油压力是否正常，更换机油及机油滤清器。

（2）检查进、排气系统是否泄漏或损坏。

（3）检查燃油系统是否有渗漏，油压是否正常，视情况更换燃油滤清器。

（4）清洁或更换空气滤清器。

（5）检查点火系统是否正常，视情况更换火花塞。

（6）检查冷却系统有无渗漏，水温是否正常。

（7）检查各传动带的磨损程度及预紧力，视情况调整或更换。

（8）检查气门间隙，有异响时进行调整（液压挺杆不用调整）。

(9) 检查、调整离合器踏板自由行程，检查离合器工作状况。

(10) 检查变速器、分动器、主减速器、差速器等工作是否正常，视情况补充或更换齿轮油。

(11) 拆检车轮制动器总成，检查各零件工作是否正常，润滑轴承，紧固轮胎螺栓，调整轴承预紧度及制动间隙。

(12) 检查转向器、转向传动机构工作状况及密封性，紧固各装置螺栓。

(13) 轮胎换位，检查调整四轮定位。

(14) 清洁蓄电池表面及极柱，检查电解液密度，视情况加注蒸馏水。

(15) 清除发电机滑环表面油污，清洗、检查轴承，填充润滑脂，检查二极管。

(16) 清洁起动机整流子，清洗、检查轴承，填充润滑脂。

(17) 检查灯光、仪表、信号、雨刮、暖风装置的工作情况。

(18) 检查空调系统是否正常工作。

5. 二级维护过程检验

二级维护过程中，要始终贯穿过程检验，并做检验记录。过程检验中各项维护项目的技术要求，需满足相关技术标准或出厂说明书的有关规定。

6. 二级维护竣工检验

汽车在维修企业进行二级维护后，必须进行竣工检验。各项维护项目参数符合国家或行业及地方标准；竣工检验合格的车辆填写维护竣工出厂合格证后方可出厂。检验不合格的车辆应进行进一步的检测、诊断和维护，直到达到维护竣工技术要求为止。二级维护竣工技术要求见表3－1。

表3－1 二级维护竣工技术要求

序号	检测部位	检测项目	技术要求	备注
1	整车	清洁	汽车外部、各总成外部、“三滤”清洁	检视
		面漆	车身面漆、腻子无脱落现象，补漆颜色应与原色基本一致	检视
		对称	车体应周正，左右对称	汽车平置检查
		坚固	各总成外部螺栓、螺母按规定力矩扭紧，锁销齐全有效	检查
		润滑	发动机、变速器、转向器、驱动桥润滑油符合规定，各通气孔畅通。各部润滑点润滑脂加注符合要求。润滑脂嘴齐全有效，安装位置正确	检视
		密封及电器	全车无油、水、气泄漏，密封良好，电器装置工作可靠，绝缘良好	检视
		前照灯、信号、仪表、雨刮器、后视镜等装置	稳固、齐全有效符合有关规定	检视

续表

序号	检测部位	检测项目	技术要求	备注
2	发动机	发动机工作状况	发动机能正常起动，低、中、高速运转均匀及稳定，水温正常，加速性能良好，无断火、回火、放炮等现象，发动机运转稳定后应无异响	路试
		发动机功率	无负荷功率不小于额定值的80%	检测
		发动机装置	齐全有效	检视
3	离合器	踏板自由行程	符合原厂规定	检测
		离合情况	接合平稳，分离彻底，无打滑、抖动及异响	路试
4	转向系	转向盘自由转动量	符合规定	检查
		横直拉杆装置	球头销不松旷，各部螺栓螺母紧固，锁止可靠	检查
		转向机构	操作轻便，转动灵活，无摆振、跑偏等现象。车轮转到极限位置时，不得与其他部件有碰擦现象	检测
		前束及最大转向角	符合规定	检测
		侧滑	符合 GB7258 中的有关规定	检测
5	传动系	变速器、传动轴、主减速器	变速器操纵灵活，不跳挡、不乱挡。变速器、传动轴、主减速器各部无异响，传动轴装配正确	路试
6	行驶系	轮胎	轮胎磨损应在规定范围内，同轴轮胎应为相同的规格和花纹，转向轮不得使用翻新轮胎，轮胎气压符合规定，后轮辋孔与制动鼓观察孔对齐	检查
		钢板弹簧	钢板弹簧无断裂、位移、缺片，U 型螺栓紧固，前后钢板支架无裂纹及变形	检查
		减振器	稳固有效	路试
		车架	车架无变形，纵横梁无裂纹，铆钉无松动，拖车钩、备胎架齐全，无裂损变形，连接牢固	检查
		前后轴	无变形及裂纹	检查
7	制动系	制动性能	应符合 GB7258 中的有关规定	路试或检测
		制动踏板自由行程	符合规定	
		驻车制动性能	应符合 GB7258 中的有关规定	路试和检测
8	滑行	滑行性能	符合规定	路试或检测
9	车身车箱	车身	驾驶室装置紧固，门锁链灵活无松旷，限动装置齐全有效，驾驶室门关闭牢靠，无松动，挡风玻璃完好，窗框严密，门把、门锁、玻璃升降器齐全有效。发动机罩锁扣有效，暖风装置工作正常	检查
10	排放	尾气排放测量	符合有关标准的规定	检测

任务二　汽车修理质量检验

一、螺栓装配与紧固的技术要求

1. 用多个螺栓联接。用多个螺栓联接的接合面应按规定的先后顺序和拧紧力矩，分数次旋松或拧紧。无特殊规定时，一般应交叉对称均匀地旋松或拧紧，不要先将某一个螺栓一次旋下或拧至规定的力矩，以防因受力不均匀造成机件变形或损坏。以本田 F23A3 发动机气缸盖的拆装为例，如图 3－2 所示。

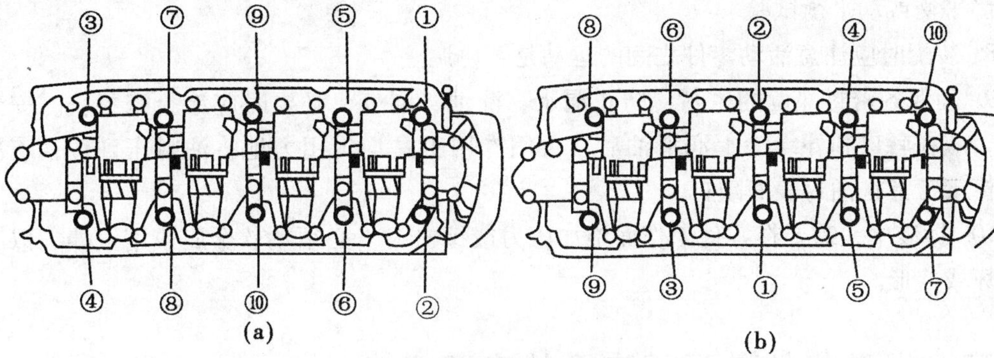

图 3－2　气缸盖拆装次序

（a）缸盖螺栓拆卸顺序；（b）缸盖螺栓拧紧顺序

2. 有力矩规定的螺栓应按规定的力矩紧固。力矩过大，会使螺栓疲劳甚至折断；力矩过小，则达不到装配的紧度要求。因此，重要部位的螺栓都有规定的力矩数据，如捷达汽车发动机飞轮螺栓规定力矩为 100N · m，火花塞安装规定力矩为 25N · m。

3. 塑性变形扭力螺栓。按照初力矩拧紧以后，应再扭转一个规定的角度，自锁防松。例如：上海帕萨特 B5 轿车发动机连杆螺栓，就采用了这种塑性变形扭力螺栓，力矩及角度要求为 30N · m + 90°。其方法是，先将连杆螺栓对称均匀初步拧紧，然后以 30N · m 的力矩再次拧紧，之后将连杆螺栓相对于拧紧后的位置再扭转 90°。这种螺栓在使用时，需用量具测量螺纹处的直径或螺栓长度，若直径或长度超出规定尺寸，应更换，不能继续使用。

4. 技术要求较高部位的螺栓螺母。不得随意用其他螺栓螺母代替，如连杆螺栓、传动轴螺栓等。

5. 装配螺栓时，应按需要加装与螺栓直径相一致的垫圈。平垫圈与弹簧垫圈不得互换。

二、零部件拆卸和装配的基本要求

1. 总成的拆装应按顺序进行。拆装的原则是：拆卸时，先外后内，先附件后主体；

装配时，先内后外，先主体后附件。

2. 有配合精度要求的零部件、不可互换的零部件、有平衡要求的旋转零部件，在拆卸时应注意记号，没有记号的要做好记号，装配时按记号装配。如各活塞连杆组、各轴承与轴承盖等。

3. 衬套、销子、齿轮、带轮、滚动轴承等紧配合件，拆装中应使用专用拆装工具，以保证拆装质量，防止零件损坏。

4. 电气件、橡胶件、摩擦片等拆装时注意不要沾上油污，也不要用沾油的手去触摸。

5. 装配前，所有零部件经检验合格后方可装配。

6. 关键部位的装配间隙必须保证。如活塞与气缸、曲轴轴颈与轴承、气门间隙等。

7. 主要的旋转零部件或组合件，如飞轮、离合器压盘、曲轴、传动轴等，装配前需进行静平衡或动平衡试验。

8. 装配时应注意活动零件之间的运动是否协调。

9. 确保各密封部位的密封，防止漏水、漏油、漏气，必要时应涂上密封胶。安装油封时，应在唇口和外缘涂上润滑油后，再用专用工具均匀用力地将油封压到位，不准用锤、棒等工具在油封表面敲打。

10. 拆装中，需要在零件工作面施加压力或锤击时，必须垫软金属或用铜棒，以防零件损坏或变形。

三、发动机的装配程序及技术要求

发动机的装配必须按一定的程序进行，不同的发动机结构不同，装配工艺过程也略有不同，具体应按照各型发动机维修手册的规定执行，但总体装配程序和技术要求又有其共性。

1. 曲轴与轴承的装配

（1）将清洗干净的气缸体倒置在工作台上，用压缩空气吹净；缸体和曲轴上的油道要用压缩空气反复吹通。

（2）把曲轴主轴承按编号装入缸体轴承座及轴承盖中，轴承应与轴承座及轴承盖紧密贴合，定位凸点应完整；在主轴承和曲轴主轴颈上涂抹润滑油，抬起曲轴将其放入气缸体轴承座孔内。如图 3－3 所示，将止推片带槽侧面朝外安装到相应的主轴承座处，把主轴承盖按原来的位置安装在气缸体上。如图 3－4 所示，按规定拧紧力矩分 2～3 次由中间向两端紧固螺栓，全部拧紧后用手转动曲轴，曲轴应转动灵活。桑塔纳 AJR 发动机曲轴主轴颈与主轴承的径向间隙为 0.01～0.04mm，曲轴轴向间隙为 0.07～0.21mm。

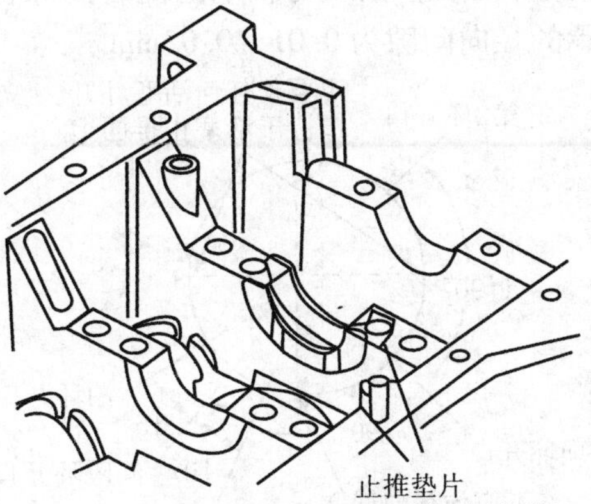

图 3－3　止推垫片的安装

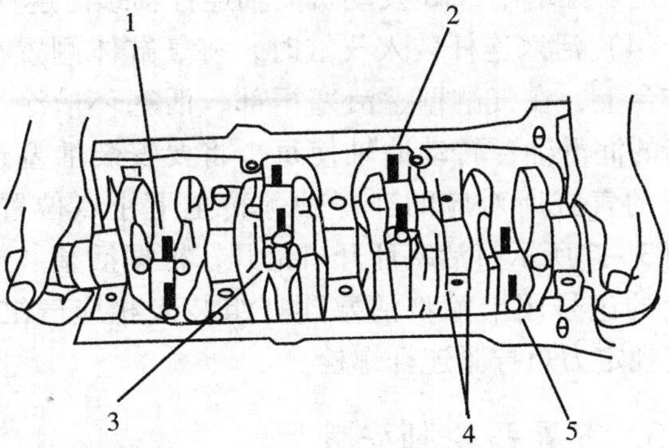

图 3－4　曲轴的安装

1—1 号连杆；2—3 号连杆；3—2 号连杆；
4—止推垫片；5—4 号连杆

（3）检查曲轴径向间隙：将轴承与主轴颈擦干净，在主轴颈上放置一条塑料间隙条。按标记装配轴承盖，按规定力矩扭紧，再拆下轴承盖，测量间隙条的宽度，测量宽度对应的间隙值即为径向间隙。

（4）检查曲轴轴向间隙：将百分表触杆顶在曲轴后端凸缘平面上，沿曲轴轴向前后撬动曲轴，观察表针摆动范围，摆动数值差即为轴向间隙值。

2. 活塞连杆组的安装

（1）活塞连杆组组装时，如图 3－5 所示，活塞顶上的向前标记和连杆杆身的向前记号安装时方向要统一，标记必须指向发动机皮带轮一侧。全浮式活塞销在装配时，应将活塞置于 70～90℃的水或油中加热，加热后取出迅速擦净，将活塞销推入活塞的一侧座孔，随即在连杆小头的衬套内涂上一层润滑油，将连杆小头伸入活塞内，使活塞销通过连杆小头直接进入活塞另一侧座孔，再装入锁环。对于半浮式活塞销，活塞与活塞销为间隙配合，活塞销与连杆小头为过盈配合，装配时，应将连杆在电炉中加热到 240℃，保温 10min，从炉中取出后，迅速地竖直夹持在台虎钳上，并将活塞放在连杆上，用安装活塞销的专用工具，迅速地将活塞销装入活塞销孔和连杆小头内。

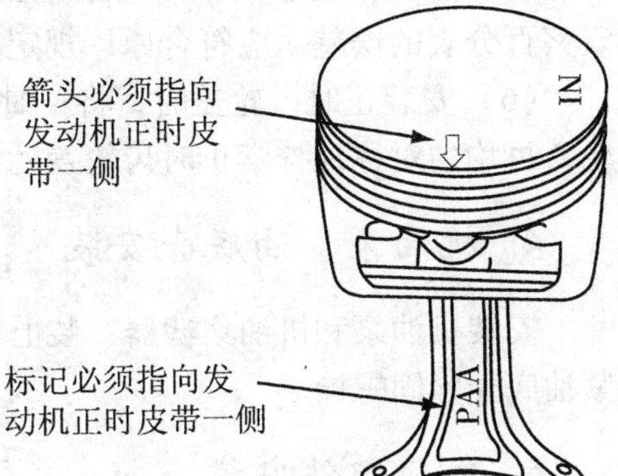

图 3－5　活塞连杆组

（2）安装活塞环时，应注意活塞环的安装方向。第一道气环一般为镀铬环；活塞环端面上注有标志的应朝上安装；活塞环开口位置应按规定错开；安装活塞环时，应使用专用工具。

（3）连杆轴承应与轴承座及轴承盖紧密贴合，定位凸点应完整，轴瓦两端应高出轴承座及盖接合平面0.03mm。按规定力矩拧紧轴承盖紧固螺栓后，轴颈与轴承的配合间隙符合规定。桑塔纳 AJR 发动机曲轴连杆轴颈与连杆轴承的径向间隙为0.01～0.05mm。

（4）活塞连杆装入气缸时，将气缸体侧置在工作台上，在气缸壁、活塞裙部、活塞环槽涂上适当的润滑油；转动曲轴使每个将要安装活塞连杆组的气缸所对应的连杆轴颈转至下止点位置，如图3－6所示将活塞环开口错开，根据活塞、连杆上的记号用卡箍将活塞连杆组装入相应气缸，并按规定力矩拧紧连杆螺栓。

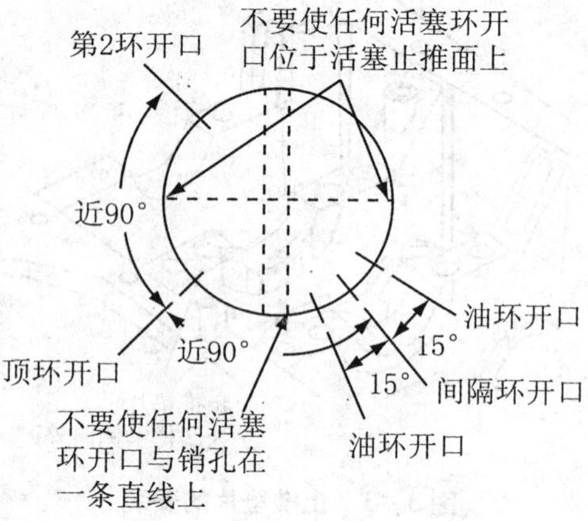

图3－6　设置活塞环开口间隙

3. 下置凸轮轴安装

下置凸轮轴式发动机，如CA6102、EQ6100、BJ492等发动机，安装曲轴后，接着安装凸轮轴，其安装步骤与技术要求如下：

（1）更换凸轮轴轴承时，轴承与轴承孔的配合间隙应符合原厂规定。

（2）润滑凸轮轴轴颈和轴承，将凸轮轴装入凸轮轴轴承孔中。注意不要将轴承碰坏，用止推凸缘来定位的，凸缘面应朝前。

（3）转动曲轴，使第一缸活塞处于上止点，转动凸轮轴使凸轮轴正时齿轮上的正时标记与曲轴正时齿轮上的正时标记对齐。

（4）将气门挺杆涂机油后，可用拇指力量，按记号将挺杆轻轻推入导孔。其配合间隙应能使挺杆转动自如，径向推拉挺杆应无明显间隙感觉。

（5）检查凸轮轴的轴向间隙，检查时用百分表触头顶住凸轮轴的轴端，推拉凸轮轴，观察百分表的摆差，应符合原厂规定。

（6）安装正时齿轮盖时，将正时齿轮盖的衬垫贴在缸体上，套上正时齿轮盖，压上带轮，再均匀对称地拧紧正时齿轮盖的固定螺栓，以保证油封与轴颈的密合。

4. 机油泵、油底壳安装

安装机油泵和机油集滤器；装上密封垫或涂上密封胶后再装上油底壳，对称均匀地拧紧油底壳紧固螺栓。

5. 气门组件安装

将气门油封压装于气门导管上，安装时油封一定要压到位，防止油封变形损坏。装上气门弹簧和弹簧座，气门杆涂上润滑油，按原次序插入气门导管内，用专用工具压紧弹簧，装入锁片。

6. 气缸盖、推杆、气门摇臂组安装

装配气缸盖衬垫时，应注意标志。有标志记号的应朝上，确保润滑油道和水道畅通，拧紧气缸盖螺栓时，从中央向两端按规定顺序和力矩均匀地分2～3次拧紧。装好气缸盖

后，将推杆插入挺杆孔内，并将其定位，再装入摇臂组件，按规定的顺序和力矩固定摇臂组件。然后，按规定数据调整各缸的气门间隙。

7. 顶置凸轮轴安装

一汽奥迪、上海桑塔纳、天津夏利、广州本田等轿车发动机均为顶置凸轮轴式。其结构形式不同，安装顺序也不一样。上海桑塔纳发动机先将液压挺杆按原次序装入，然后装入凸轮轴，按规定顺序和力矩装入凸轮轴轴承盖；将凸轮轴正时齿轮装入凸轮轴，并将曲轴正时齿轮和凸轮轴正时齿轮同时放置于正确位置，装入正时皮带，通过张紧轮调整皮带松紧度，最后装上气门室罩盖。

8. 附件的安装

（1）安装分电器时，按规定的位置，把分电器轴准确地装入传动轴槽内，旋紧分电器外壳的固定螺钉。

（2）安装进排气歧管时，放上衬垫，套上进排气歧管，放上平垫圈，旋紧螺栓。进排气歧管的工作温度高，热膨胀变形较大，为了防止在膨胀变形中损坏衬垫，进排气歧管的衬垫卷边的一面应朝向气缸盖。

（3）按技术要求安装机油滤清器、机油管、曲轴箱通风管、水泵、发电机（调整风扇皮带张紧力）、起动机、喷油器、空调压缩机等附件，并加注适合季节地区的润滑油及冷却液等。

四、总成基础件质量检验

1. 气缸体和气缸盖的检验

气缸体、气缸盖是发动机的基础零件，其技术状况直接影响发动机修理质量和使用寿命。气缸体、气缸盖在工作过程中产生的缺陷主要有：变形、裂纹、气缸表面磨损及螺纹孔的损伤等。

（1）气缸体和气缸盖变形的检验

气缸体、气缸盖变形后，常使气缸体、气缸盖结合平面产生翘曲，当其平面度超过技术标准时，将会引起发动机漏气、漏水、漏油等故障，严重时会冲坏气缸垫，使发动机无法工作。另外，气缸体变形后，常会破坏曲轴、凸轮轴轴承孔的同轴度，加剧了曲轴、凸轮轴和轴承的磨损和损坏。平面翘曲变形多用刀口尺或直尺和塞尺进行检验。检验时先将被检测平面清洗干净，用长度等于或大于被测平面最大尺寸的刀口尺，放在被测平面上，用塞尺测量刀口尺与平面之间的间隙，其最大值便是平面度。平面度误差应符合原厂规定。

（2）气缸体和气缸盖裂纹的检验

气缸体、气缸盖产生明显的裂纹和损伤可直接观察检查，对细微的和内部裂纹一般用水压试验法检查。试验时，将缸盖、衬垫装在缸体上，将水压机出水管接到气缸体前端进

七、车身修复质量检验知识

1. 车身修复检验标准

（1）不论车架式或整体式车身的几何尺寸，都必须符合修理规定尺寸 90% 以上（确保前后轮定位参数值在标准范围内，发动机及变速器总成能正常安装，不能有互相干扰的现象）。

（2）车身轮廓线条必须平直，左右两侧对称。

（3）各部位接合间隙必须平行，符合要求。如各车门与车厢、发动机前盖与车身、车灯与前挡、前后门把的配合。

（4）各活动部件铰接锁扣必须紧固，可靠灵活，操作无异响（如各车门、机尾盖、车窗等铰接、锁扣）。

（5）前照灯、后视镜、座椅必须紧固，能在一定范围内调整。

（6）仪表板架与仪表板和车厢内各饰板要求紧固、帖服、干净。

（7）离合踏板、制动踏板、加速踏板及其支承架，不论强度及几何尺寸都要符合厂方规定。

（8）车厢内部必须防止雨水渗入或漏水（如车头尾风窗玻璃、天窗及各车窗、车门等）。

（9）排气管必须紧固，无穿烂，噪声不超过国标。

（10）道路行车试验时，保证无异响。

以上内容，如车主要求不换或声明不做时，可不按此项要求进行检验。

2. 车身密封性检验标准

车身的密封性应符合 GB/T 3798—2005 标准的规定，驾驶室、轿车及客车车厢不得漏水。汽车在多尘路段行驶，在所有门窗均关闭的条件下，当车外空气含尘量不低于 200mg/m^3 时，驾驶室及轿车、客车车厢内的含尘量不得高于车外含尘量的 25%。在进行车身防雨密封性试验时，应将车门窗关严，在雨中（或模拟雨中）停车 15min（发动机怠速运转）后，立即将汽车驶入避雨区，检查驾驶室及客车车厢及发动机罩下的渗漏情况；并要求车辆以 30km/h 左右的车速在中雨和大雨中行驶 30min 后，检查渗漏情况。模拟降雨时，降雨方向与铅垂方向成 45°角。当进行防尘密封性试验时，试验车车速为 30km/h，跟随在扬尘车后，两车保持车距为 20～30m，行驶 30min，取驾驶室或车厢内的空气气样，分析车内含尘量，并比较车内外空气的含尘量。

八、车身涂装质量检验知识

驾驶室、轿车及客车厢应形状正确，曲面圆顺，转角处无起皱等缺陷，汽车车身涂装颜色协调、均匀、光亮，涂层无裂纹、剥落、起泡、流痕、桔皮等现象。不需涂装的部位，不得有漆痕。涂装部位允许有不明显的流痕和刷纹。

1. 汽车车身涂装表面检验

（1）色泽：用标准板对照涂装色泽的均匀性，不得有隐约可见的色差和影响外观的部位，用光电光泽计在车身大面积平整处测量5点，取算术平均值，涂层光泽应达到技术条件的规定。

（2）裂纹：在4倍放大镜目测下，涂装表面不得有隐约可见的小裂纹，且不影响外观。

（3）起泡：用目测方法，检视涂装表面不得有一个大于等于0.05cm^2面积的起泡，且不影响外观。

（4）流痕：用目测方法，检视涂装主要表面不得有隐约可见的流痕，且不影响外观。

（5）刷级：用目测方法，检视涂装主要表面不得有隐约可见的刷纹，且不影响外观。

（6）脱落：用目测方法，检视涂装主要表面不得出现脱落，且不影响外观。涂层的附着力，在100mm^2内用单面刀片用力划成1mm×1mm的方格，涂层方块不得脱落。

（7）杂漆：用目测方法，检视涂装主要表面不得有隐约可见的杂漆，且不影响外观。

（8）硬度：用HB笔，笔芯直径为1.8mm以上，长度为3mm左右，笔尖是平的，铅笔与被测表面保持45°，推速度约3mm/s，推力要保持均匀，用力以不折断铅笔芯为限，在车身不同部位往返进行五次后，用橡皮或绒布将铅笔灰擦去，以目测检查涂层的划痕深度，按无划痕、隐约可见划痕、可见划痕和明显划痕来评定涂层硬度。

2. 其他方面的要求

（1）汽车线条平直，有棱有角。

（2）涂装表面平顺，无凹痕，无起泡。

（3）全车涂装应该与原厂车一样，具有高光泽，不应有起皱、流挂和砂粒等现象。

（4）车底喷沥青防锈时，排气管、变速器及散热器等部件不能有沥青。

（5）汽车钢圈和轮胎，应翻新和清洁干净。

（6）汽车内部清洁、无尘，清洗仪表板、蒙皮等。

（7）全车配件，如玻璃、灯、电线等，不得有油渍。

任务三　汽车维修质量检验技术档案

一、进厂检验单

发动机大修进厂检验由专职质量检验员负责填写发动机大修进厂检验单。

发动机大修进厂检验单，见表3－2。

表 3－2　发动机大修进厂检验单

承修单位（章）：

进厂日期		进厂编号	
厂牌车型		牌照号码	
发动机型号		发动机号码	
送修单位		总行驶里程	
联系电话		送修人或单位	
用户报修项目及发动机现状	此车是驶入或拖入： 进厂前主要问题： 此次要求：	已进行发动机大修次数：	
发动机主要问题及重点修理部位			

发动机外观及装备（完整“√”缺少“○”损坏“×”）

检验项目	检验结果	检验项目	检验结果
空气滤清器		正时齿轮	
燃油滤清器		机油散热器及管道	
机油滤清器		加机油口盖	
化油器		水箱及水箱盖	
燃油泵		水泵	
机油泵		风扇电机	
气缸体、气缸盖		风扇皮带	
进、排气歧管		风扇叶	
起动机		排气管、消声器	
发电机		三元催化转换器	
火花塞		喷油器	
分电器		喷油泵	
高压线		增压器	
点火线圈		油管、真空管	
电控系统		机油尺	
传感器			
备注：			

进厂检验员签字：　　　　　　　　　　　　　　　年　　月　　日

二、过程检验单

过程检验是由维修工、班组长及车间技术负责人对所承修作业项目的装配质量进行的自检、互检及关键工序的专职检验。主要检测技术参数应有书面记录。

发动机大修过程检验单，见表3-3。

表3-3 发动机大修过程检验单

承修单位（章）：

进厂日期		进厂编号		厂牌车型	
牌照号码		发动机号码		主修人	
主要零部件换修记录					
部件名称	续用	更换	修理	加大	缩小
气缸体					
气缸盖					
气缸套					
活塞					
活塞环					
活塞销					
连杆					
曲轴					
曲轴轴承					
连杆轴承					
凸轮轴					
凸轮轴轴承					
气门					
气门口					
气门导管					
正时皮带					
气缸直径、活塞连杆组检验记录					

续表

进厂日期		进厂编号		厂牌车型	
牌照号码		发动机号码		主修人	

气缸直径、活塞连杆组检验记录

气缸直径	一缸		二缸		三缸		四缸		五缸		六缸	
	纵	横	纵	横	纵	横	纵	横	纵	横	纵	横
上部												
中部												
下部												
圆度												
圆柱度												
活塞直径												
配缸间隙												

曲轴与轴承检验记录

曲轴		1	2	3	4	5	6	7
主轴颈	圆度							
	圆柱度							
连杆轴颈	圆度							
	圆柱度							
主轴颈与轴承配合间隙								
连杆轴颈与轴承配合间隙								

凸轮轴与轴承检验记录

凸轮轴轴颈直径							
轴颈与轴承配合间隙							
凸轮升程							

备注：

过程检验员签字：　　　　　　　　　　　　年　　月　　日

三、竣工检验单

竣工检验是由专职质量（总）检验员对承修车辆竣工在出厂前进行的全面质量检验，

检验合格的，签发竣工出厂合格证。

竣工检验单见表3－4、表3－5、表3－6和表3－7。

表3－4　汽车维护、小修竣工检验单

承修单位（章）：

厂牌车型				送修单位			
送修类别				牌照号码			
进厂日期				出厂日期			
维修项目							
尾气检验	怠速			高怠速			
	CO：　%	HC：　10^{-6}		CO：　%		HC：　10^{-6}	
检验结果				检验员签字			
				接车人签字			

表3－5　发动机大修竣工出厂检验单

承修单位（章）：

进厂编号		厂牌车型		牌照号码	
发动机号码		竣工日期		主修人	

发动机外观	怠速转速/(r/min)：							
涂装	运转状况：怠速：　中速： 高速：　加速及过渡：							
四漏检查： 油：　水：　电：　气：	发动机异响：							
螺栓螺母：	机油压力： 怠速/MPa：　高速/MPa：							
润滑油：	气缸压力/MPa：							
	1	2	3	4	5	6	7	8
	气缸压力差/MPa：							
空气滤清器：	真空度： 怠速/MPa：　波动范围/MPa：							
尾气检验	怠速				高怠速			
	CO/%		HC/10^{-6}		CO/%		HC/10^{-6}	

起动性能：	最大功率/kW： 最大扭矩/N·m：
冷起动：	有效燃油消耗率/［g/（kW·h）］：
备注：	

竣工检验员签字：　　　　　　　　　　　　　　　　年　　月　　日

表 3-6　汽车大修竣工出厂检验单（一）

承修单位（章）：

进厂编号		厂牌车型		牌照号码	
发动机号码		车架号码		竣工日期	

检验项目	检验结果	检验项目	检验结果
一、整车外观和装配		倒车灯、牌照灯	
涂装		雾灯、报警灯	
钣金及整形		仪表、信号及仪表灯	
门、窗、罩、盖		洗涤器	
各部玻璃		电气线路	
升降器		蓄电池	
刮水器		发电机	
遮阳板		调节器	
内、外装饰		起动机	
后、侧视镜		继电器	
座椅及靠垫			
室内装饰		二、汽车运行性能	
各部润滑与加注作业		发动机	
驾驶室		离合器	
客（货）车身		手动变速器	
车架、保险杠		自动变速器	
悬架、弹簧		分动器	
减震器		传动轴	
保险杠及拖钩		主减速器	
备胎及支架		差速器	
轮胎与气压		转向盘	
排气管、消声器			
油箱架、防护网		三、路试后的检查	
离合器踏板		发动机运转状态	
制动踏板		制动液	
节气门操纵		轮毂	
驻车制动及有效行程		变速器壳	
传动轴及中间支承		驱动桥壳	
转向器支架		差速器壳	
转向摇臂、横直拉杆		传动轴中间轴承	
转向助力装置		螺栓螺母连接	
前照灯、小灯		各总成油液高度	
制动灯、转向灯		四漏检查	
顶灯、示宽灯		各部异响	
备注：			

竣工检验员签字：　　　　　　　　　　　　　　　　　年　　月　　日

表 3-7　汽车大修竣工出厂检验单（二）

承修单位（章）：

进厂编号		厂牌车型		牌照号码	
发动机号码		车架号码		竣工日期	

<table>
<tr><td>汽车左右轴距差/mm：
左：　　右：　　差：</td><td colspan="4">喇叭声级/dB：</td></tr>
<tr><td>保险杠左右离地高度差/mm：
左：　　右：　　差：</td><td colspan="4">车轮动平衡/g：</td></tr>
<tr><td>翼子板左右离地高度差/mm：
左：　　右：　　差：</td><td colspan="4">轮胎花纹深度/mm：</td></tr>
<tr><td>驾驶室左右离地高度差/mm：
左：　　右：　　差：</td><td colspan="4">离合器踏板力/N：</td></tr>
<tr><td>车厢左右离地高度差/mm：
左：　　右：　　差：</td><td colspan="4">制动踏板力/N：</td></tr>
<tr><td>车门关闭后缝隙/mm：</td><td colspan="4">最小转弯半径/m：</td></tr>
<tr><td>转向盘自由转动量：</td><td colspan="4">前轮侧滑量/（m/km）：</td></tr>
<tr><td>前轮定位：
主销内倾角：
主销后倾角：
车轮外倾角：
车轮前束：</td><td colspan="4">制动距离/m：
制动力/N：
制动力平衡：</td></tr>
<tr><td>离合器踏板自由行程/mm：</td><td colspan="4">驻车制动：</td></tr>
<tr><td>制动踏板自由行程/mm：</td><td colspan="4">柴油车/Rb：
（1）　　（2）　　（3）
平均值：</td></tr>
<tr><td rowspan="4">前照灯发光强度/cd：
左：　　右：
前照灯照射位置/mm：
左灯：　左偏：　右偏：　上偏：　下偏：
右灯：　左偏：　右偏：　上偏：　下偏：</td><td colspan="4">汽油车</td></tr>
<tr><td colspan="2">怠速</td><td colspan="2">高怠速</td></tr>
<tr><td>CO/%</td><td>HC/10^{-6}</td><td>CO/%</td><td>HC/10^{-6}</td></tr>
<tr><td></td><td></td><td></td><td></td></tr>
<tr><td colspan="5">备注：</td></tr>
</table>

竣工检验员签字：　　　　　　　　　　　　年　　月　　日

任务四　环保与安全检验

车辆维修后，为保护环境、保障人类的健康和安全，一定要对维修的车辆进行环保、安全检测。在环保方面，主要进行尾气排放、机动车噪声控制的检测；在安全方面，主要检查转向性能和制动性能及车身、安全防护装置等。

一、环保检测

汽车排放和噪声是危害人类健康的两大公害，应定期对它们进行检测，把危害降到最低，保持生态平衡，节约能源，造福人类。

1. 排放检测方法和技术

汽车排放法规所控制的有害污染物主要为前面提到的4类，国家环保总局对这些排放物推荐的检测方法分别为：HC采用氢火焰离子法；CO采用非分光红外线法；NO_x为化学发光法；PM为滤纸过滤称重法。

（1）氢火焰离子法（FID）的工作原理是利用碳氢化合物在氢火焰的2 000℃左右高温中燃烧时可离子化成电子和自由离子，其离子数基本与碳原子数成正比。HC在氢火焰中分解出的离子在离子吸收极板间的电压作用下形成电子流，其电流大小代表了样气中碳原子浓度，因此FID检测的结果是样气中的碳原子ppm值。

（2）非分光红外线法（NDIR）是目前测定CO的最好方法，其工作原理是基于测量气体对特定波长红外线的能量吸收。CO能吸收波长为4.5～5.0μm的红外线，具有吸收峰值，样气中CO的浓度可通过红外线透过一定长度该气体后的透射能量得到。为了减小其他气体干扰，在样气室前设置滤波室来过滤掉其他干扰气体所对应的波长。

（3）化学发光法（CLD）用于分析排气中的NO_x，CLD只能直接测定NO。样气中和过量臭氧在反应室中混合并发生化学反应，生成NO_2，其中约10%左右处于电子激发态，当激发态的NO_2衰减到基态时发射波长0.6～3μm光子，化学发光强度与NO和臭氧浓度乘积成正比，还与测量条件有关，但当测量条件不变且臭氧浓度恒定并远高于NO浓度时，化学发光强度与NO成正比。而测量NO_x实际是测量NO和NO_2的总和，因此在测量前首先要将排气中的NO_2转化成NO。我国对汽车的检测方法也可分为汽油车为怠速法（或双怠速法）和自由加速烟度法，分别是针对汽车和柴油车的。

2. 汽车排放的检测

汽车排放的污染物质是指排气管排出的废气和其他部位漏出的燃油蒸气及窜出的气体，汽车排放检测主要是检查尾气排放。

（1）汽油车排放的检测

①汽油车排放物的检测。汽油车主要测定在怠速工况时CO、HC的排放量，所用测量仪器必须合格。根据国家标准及检验条件进行，主要是根据《汽车排污物限值及测试方

法》(GB 14761—1999)、《汽车用发动机净功率测试方法》(GB/T 17692—1999)。对于在用车执行《在用汽车排气污染物限值及测试方法》(GB 18285—2000)标准。按照我国政府要求，2004 年 7 月 1 日全国实行机动车排放达到欧Ⅱ排放标准，2008 年 1 月 1 日北京、上海实行机动车排放达到欧Ⅳ排放标准。现在应执行《点燃式发动机汽车排气污染物排放限值及测量方法（双怠速法及简易工况法）》(GB 18285—2005）的规定。

②汽油车燃油蒸发污染物的检测。汽车运行和停放时，一些燃油蒸气会从燃油系零部件的开口处漏入大气而造成污染。此检验按《点燃式发动机汽车排气污染物排放限值及测量方法》(GB 18285—2005）执行。

(2）柴油机烟度排放的检测

根据国家标准及检验条件进行，主要是《汽车排污物限值及测试方法》(GB 14761—1999)、《压燃式发动机和装用压燃式发动机的车辆排气污染物排放限值及测试方法》(GB 17691—2005)、《压燃式发动机和装用压燃式发动机的车辆排气可见污染物排放限值及测试方法》(GB 3847—2005)。具体按 GB 3847—2005、GB/T 17692—1999 的要求检测。

3．汽车噪声检测

汽车噪声主要来源于发动机、传动系、轮胎、车体振动、车身干扰空气等响声及喇叭声。按国家标准《汽车加速行驶车外噪声限值及测量方法》(GB 1495—2002）的规定进行检测。测量所用声级计应符合国家规定，检测类别分车外噪声和车内噪声检测，都应符合规定。

4. 汽车内饰部件的挥发性有机化合物检测

来自汽车内饰部件的挥发性有机化合物（Volatile Organic Compounds，简称“VOC”）是影响车内空气质量的主要原因之一。大多数内饰部件中都含有一定量的挥发性有机化合物，它们主要是烷烃、烯烃、芳烃、乙醛或酮类的物质，这些物质的沸点通常在 50 ~ 260℃的范围之内。当气温达到一定高度时，这些挥发性物质就会释放出来，有些会形成雾翳并凝结在前挡风玻璃上，从而影响驾驶员的视线；有些则产生令人不舒服的气味，甚至引起头疼、干咳和过敏等不适反应，从而对乘员的身体造成伤害。2007 年底，国家环保总局终于出台了《车内挥发性有机物和醛酮类物质采样测定方法》（HJ/T 400—2007)，并于 2008 年 3 月 1 日起实施，严格控制汽车内饰部件的挥发性有机化合物，确保安全。

二、安全检测

汽车自诞生 100 多年来，为人类发展生产、改造环境、建设文明社会起到了重要作用。但随着汽车的发展与普及，因车辆交通事故而造成的人财物的损伤也越来越频繁。所以，车辆必须定期进行安全检测。具体按《机动车运行安全技术条件》(GB 7258—2012)的规定执行。

1. 整车条件

(1）车辆标志检验：检验车辆的商标、厂标、型号标记等是否齐全。

（2）车辆侧倾稳定角：车辆在空载、静态状态下，向左侧或向右侧倾斜的最大侧倾稳定角符合规定。

（3）在发动机运转或停车时，不允许有漏水、漏油现象。

（4）车辆外观整洁，零部件完好无缺，联接紧固。

2. 安全防护装置检验

（1）车辆前排座椅、卧铺客车每铺均应装有安全带，且应可靠有效。

（2）车辆后视镜完好，安装正确。

（3）挡风玻璃的防冻、除霜装置、刮水器应工作良好。

（4）客车安全门及安全玻璃应满足规定要求。

（5）制动性能符合规定。

（6）灯光信号装置齐全可靠。

（7）消防装置齐全可靠。

任务五　综合性能检测

车辆维修后，为了检验修理质量，确保行车安全，应进行以下综合性能检测。

一、发动机综合性能检测

1. 发动机动力性能应良好；运转平稳，怠速稳定；无异响；机油压力、冷却液温度正常，无漏水、漏油、漏气等现象。发动机净功率不得低于发动机原净功率的75%；燃油消耗率符合国家规定。

2. 发动机应有良好的起动性能。汽车发动机应能由驾驶员在座位上起动；冬季起动不得超过三次，起动时间不超过3～5s。

3. 发动机不得有“回火”、“放炮”现象。

4. 柴油机停机装置必须灵活可靠。

5. 发动机点火、燃料供给、润滑、冷却和排气等系统的机件应齐全，性能良好。

6. 对于两用燃料汽车，应设置燃料转换系统并安装燃料转换开关。在燃料控制上，应具有当发动机突然停止运转时，即使点火开关打开，也能自动切断气体燃料供给的功能。燃料转换系统应安装点火时间转换器。燃料转换开关的安装位置应便于驾驶员操作，其挡位标记应明显，能分别控制供油、供气和油气全闭三种状态。点火时间转换器、气体燃料和汽油电磁阀的操作，均应由燃料转换开关统一控制；当电流被切断时，电磁阀应处于“关闭”位置。

7. 对于电动汽车，应清晰可见地注明动力蓄电池的化学类型，以便识别。动力蓄电池的过电流断开装置，应能在电动汽车制造厂规定的条件下，断开蓄电池电路。动力蓄电池的绝缘电阻、爬电距离、通风等要求应符合有关标准的规定。

二、制动性能检测

1. 基本要求

机动车设置的使其减速、停车和驻车的制动系统或装置，应具有完好的行车制动和应急制动功能及驻车制动功能。行车制动的控制装置与驻车制动的控制装置应相互独立，互不干涉。制动系统应经久耐用，不能因振动或冲击而损坏。不易失效的关键零部件，应易于维修，这些零部件都必须用金属材料或具有与金属材料性能相当的材料制造，并且在制动装置正常工作时不得产生明显的变形。

2. 行车制动

行车制动必须使驾驶员能控制机动车行驶，使其安全、有效地减速和停车。且必须保证驾驶员在其座位上双手无须离开转向盘就能实现制动。

（1）行车制动器必须作用在机动车的所有车轮上，即所有车轮应装备制动器。

（2）行车制动的制动力必须在各轴之间合理分配，保证制动力平衡。机动车行车制动的制动力必须在同一车轴左右轮之间，相对机动车纵向中心平面对称分配。

（3）制动器必须有磨损补偿装置。制动器磨损后，制动间隙必须易于通过手动或自动调节装置来补偿。制动控制装置及其部件以及制动器总成必须具备一定的储备行程，当制动器受热达到一定程度时，在不必立即作调整的情况下，仍应保持有效的制动。

（4）采用真空助力的行车制动系，当真空助力器失效后，制动系统仍能保持规定的应急制动性能。

（5）行车制动系制动踏板的自由行程应符合该车规定标准。

（6）在产生最大制动作用时的踏板力，对于乘用车应小于等于 500N；对于其他机动车应小于等于 700N。

（7）液压制动系在达到规定的制动效能时，踏板行程（包括空行程，下同）不得大于踏板全行程的 3/4；制动器装有自动调整间隙装置的机动车的踏板行程不得大于踏板全行程的 4/5，且乘用车不得大于 120mm，其他机动车不得大于 150mm。

（8）液压制动系不能因制动液对制动管路的腐蚀或由于发动机及其他热源的影响，形成气阻而损坏行车制动系的功能。

（9）最大设计总质量大于 12 000kg 的旅游客车、最大设计总质量大于 16 000kg 且允许挂接最大设计总质量大于 10 000kg 的挂车的载货汽车及最大设计总质量大于 10 000kg 的挂车必须安装符合 GB/T 13594—2003 规定的防抱死制动装置。

3. 应急制动

（1）应急制动必须在行车制动只有一处管路失效的情况下，在规定的距离内将汽车停住。

（2）应急制动可以是行车制动系统具有应急特性或是与行车制动分开的独立系统。

（3）应急制动必须是可控制的，应急制动的布置应使驾驶员容易操作，驾驶员在座位上至少用一只手握住转向盘的情况下，就可以实现制动。它的操纵机构可以与行车制动系统的操纵机构结合，也可以与驻车制动系统的操纵机构结合，但三个操纵机构不得结合在一起。

4. 驻车制动

（1）驻车制动应能使机动车即使在没有驾驶员的情况下，也能停在上、下坡道上。驾驶员必须在座位上就可以实现驻车制动。对于汽车列车，若挂车与牵引车脱离，挂车必须能产生驻车制动。挂车的驻车制动装置必须能够由站在地面上的人触动。

（2）驻车制动应通过纯机械装置把工作部件锁止，并且要求驾驶员施加于操纵装置上的力符合下列要求：手操纵时，乘用车应小于等于400N，其他机动车应小于等于600N；脚操纵时，乘用车应小于等于500N，其他机动车应小于等于700N。

（3）驻车制动操纵装置的安装位置要适当，其操纵装置必须有足够的储备行程，一般应在操纵装置全行程的2/3以内产生规定的制动效能；驻车制动机构装有自动调节装置时允许在全行程的3/4以内达到规定的制动效能。棘轮式制动操纵装置应保证在达到规定驻车制动效能时，操纵杆往复拉动的次数不得超过3次。

（4）采用弹簧储能制动装置做驻车制动时，应设置在紧急状态下并且能简便快速解除驻车状态的装置。

5. 采用液压制动的机动车

在保持踏板力为700N达到1min时，踏板不得有缓慢向前移动的现象；或者对于安装报警装置的汽车，其报警装置应不报警。

6. 采用气压制动的机动车

（1）当气压升至600kPa且不使用制动的情况下，停止空气压缩机3min后，其气压的降低值应小于等于10kPa。在气压为600kPa的情况下，将制动踏板踩到底，待气压稳定后观察3min，单车气压降低值不得大于20kPa；列车气压降低值不得大于30kPa。

（2）采用气压制动的机动车，发动机在75%的额定转速下，4min内气压表的指示气压应从零开始升至起步气压（未标起步气压者，按400kPa计）。

（3）气压制动系统必须装有限压装置，确保贮气筒内气压不超过允许的最高气压。

（4）汽车的行车制动必须采用双管路或多管路，当部分管路失效后，剩余制动效能应仍能保持原规定值的30%以上。

（5）机动车在运行过程中不应有自行制动现象。当挂车与牵引车意外脱离后，挂车应能自行制动，牵引车的制动仍然有效。

（6）制动管路和制动软管应是专用的耐腐蚀的高压管路。其安装必须保证其具有良好的连续功能、足够的长度和柔性，以适应与之相连接的零件所需要的正常运动，而不致造成损坏。它们必须有适当的安全防护，以避免擦伤、缠绕或其他机械损伤，同时应避免安装在可能与机动车排气或任何高温源接触的地方。制动软管不得有老化、开裂、被压扁等现象，且不得与其他部件干涉。其他气动装置在出现故障时，不得影响制动系统的正常工作。

7. 贮气筒

（1）压缩空气与真空保护。装备贮气筒或真空罐的机动车均应采用单向阀或相应的保护装置，以保证在筒（罐）与压缩空气源（真空源）连接失效或漏损的情况下，由筒（罐）提供的压缩空气（真空度）不致全部丧失。

（2）贮气筒的容量应保证在调压阀调定的最高气压下，且在不继续充气的情况下，机动车在连续5次踩到底的全行程制动后，气压不低于起步气压（未标起步气压者，按400kPa计）。

（3）贮气筒应有排污阀。

8. 制动报警装置

（1）采用液压制动的机动车，其所安装的制动液面过低时，报警装置应可靠。

（2）采用液压制动的汽车，若液压传动装置某部件失效，必须通过红色报警信号灯提醒驾驶员，该信号灯应不迟于触动控制装置发亮。只要失效继续存在且点火开关处在开（运行）的位置，该信号灯应保持发亮，但也允许采用当储液器内液面低于制造厂规定值时，点亮红色信号灯。报警信号灯即使在白天也应很醒目，驾驶员在其座位上能很容易地检查报警信号灯工作是否正常，该装置的失效不得导致制动系统完全丧失制动效能。

（3）采用气压制动的机动车，当制动系统的气压低于空气压缩机调压器限制压力至少一半的规定压力时，报警装置应能连续向驾驶员发出容易听到或看到的报警信号。

（4）装有防抱死制动装置的汽车，当防抱死制动装置失效时，报警装置应能连续向驾驶员发出容易听到或看到的报警信号。

9. 路试制动性能

（1）机动车行车制动性能和应急制动性能检验应在平坦、硬实、清洁、干燥且轮胎与地面间的附着系数不小于0.7的水泥或沥青路面上进行。

（2）检验时发动机应脱开，不应有自行制动现象。

（3）行车制动性能检验

①用制动距离检验行车制动性能：机动车在规定的初速度下的制动距离和制动稳定性应符合表3－8的要求。对空载检验制动距离有质疑时，可用表3－8满载检验的制动性能要求进行。

制动距离是指机动车在规定的初速度下急踩制动时，从脚接触制动踏板时起至机动车停住时止，机动车驶过的距离。制动稳定性是指制动过程中机动车的任何部位（不计入车宽的部位除外）不得超出规定宽度的试验通道的边缘线。

表 3－8　制动距离和制动稳定性要求

机动车类型	制动初速度 /km·h⁻¹	满载检验制动距离 /m	空载检验制动距离 /m	试验通道宽度 /m
低速载货汽车	30	≤9.0	≤8.0	2.5
乘用车	50	≤20	≤19	2.5
最大设计总质量≤3 500kg 的汽车	50	≤22	≤21	2.5
其他汽车	30	≤10	≤9.0	3.0

②用充分发出的平均减速度检验行车制动性能：汽车在规定的初速度下，急踩制动时，充分发出的平均减速度和制动稳定性应符合表 3－9 的要求。单车制动协调时间对液压制动的汽车应小于等于 0.35s，对气压制动的汽车应小于等于 0.60s，列车制动协调时间应小于等于 0.88s。对空载检验制动性能有质疑时，可用表 3－9 满载检验的制动性能要求进行。

制动协调时间是指在急踩制动时，从踏板开始工作至机动车减速度（或制动力）达到表 3－9 规定的机动车充分发出的平均减速度（或规定的制动力）的 75% 时所需的时间。

表 3－9　制动减速度和制动稳定性要求

机动车类型	制动初速度 /km·h⁻¹	满载检验充分发出的平均减速度/m·s⁻²）	空载检验充分发出的平均减速度/m·s⁻²	试验通道宽度 /m
低速载货汽车	30	≥5.2	≥5.6	2.5
乘用车	50	≥5.9	≥6.2	2.5
最大设计总质量≤3 500kg 的汽车	50	≥5.4	≥5.8	2.5
其他汽车、汽车列车	30	≥5.0	≥5.4	3.0

10. 制动性能检验的要求

进行制动性能检验时的制动踏板力或制动气压应符合以下要求：

（1）满载检验时

气压制动系：气压表的指示气压＜额定工作气压；

液压制动系：踏板力，乘用车 5 500N；其他机动车 700N。

（2）空载检验时

气压制动系：气压表的指示气压 600kPa；

液压制动系：踏板力，乘用车 5 400N；其他机动车 5 450N。

11. 应急制动性能检验

汽车在空载和满载状态下，按表 3－10 所列初速度进行应急制动性能检验，测量从应急制动操作始点至机动车停住时的制动距离，应急制动性能应符合表 3－10 的要求。

表 3－10　应急制动性能要求

机动车类型	制动初速度 /km·h^{-1}	制动距离 /m	充分发出的平均减速度/m·s^{-2}	允许操纵力/N	
				手操纵	脚操纵
乘用车	50	≤38	≥2.9	≤400	≤500
客车	30	≤18	≥2.5	≤600	≤700
其他汽车	30	≤20	≥2.2	≤600	≤700

12. 驻车制动性能检验

在空载状态下，驻车制动装置应能保证机动车在坡度为 20%，总质量为整备质量的 1.2 倍以下的机动车为 15%，轮胎与路面间的附着系数不小于 0.7 的坡道上正、反两个方向保持固定不动，其时间不少于 5min。

对于允许挂接挂车的汽车，其驻车制动装置必须能使列车在满载状态下能停在 12% 的坡道上。

13. 行车制动性能检验

汽车、汽车列车在制动检验台上测出的制动力，应符合表 3－11 的要求。对空载检验制动力有质疑时，可用表 3－11 规定的满载检验制动力要求进行检验。测试时只允许乘坐一名驾驶员。检验时制动踏板力或制动气压按表 3－11 的规定。

表 3－11　台试检验制动力要求　（单位：%）

机动车类型	制动力总和与整车重量的百分比		轴制动力与轴荷[①]的百分比	
	空载	满载	前轴	后轴
乘用车、最大设计总质量小于等于 3 500kg 的载货汽车	≥60	≥50	≥60[②]	≥20[②③]
其他汽车	≥60	≥50	≥60[②]	—

注：①用平板制动检验台检验时可按动态轴荷计算。

②空载和满载状态下测试均应满足此要求。

③用平板制动检验台检验乘用车时，轴制动力与动态轴荷之百分比，后轴不得大于前轴。

14. 制动力平衡要求

在制动力增长全过程中同时测得的左右轮制动力差的最大值，与全过程中测得的该轴左右轮最大制动力中的大者之比，对前轴不得大于 20%；对后轴（及其他轴）在轴制动力大于等于该轴轴荷的 60% 时不得大于 24%；当后轴（及其他轴）制动力小于该后轴轴荷的 60% 时，在制动力增长全过程中同时测得的左右轮制动力差的最大值不得大于该轴轴荷的 8%。汽车的制动协调时间对液压制动的汽车应小于等于 0.35s，对气压制动的汽车应小于等于0.60s。汽车车轮阻滞力要求：进行制动力检验时，各车轮的阻滞力均不得大于该轴轴荷的5%。

15. 驻车制动性能检验

当采用制动检验台检验机动车驻车制动的制动力时，机动车空载，乘坐一名驾驶员，使用驻车制动装置，驻车制动力的总和应不小于该车在测试状态下整车重量的20%；对总质量为整备质量1.2倍以下的机动车，此值为15%。当机动车经台架检验后，对其制动性能有质疑时，可按规定的路试检验进行复检，并以满载路试的检验结果为准。

16. 汽车制动性能的检验方法

国家标准GB 7258—2012《机动车运行安全技术条件》规定，机动车制动性能的检验有路试制动性能检验方法和台试制动性能检验方法。其中，台试检验方法易于操作、效率高，并实现了自动化检测，所以在日常的机动车检验中普遍采用。路试检验方法仅在不宜用台试检验方法时采用，或在对台试制动性能检验结果有质疑时作为解决争议的一种仲裁检验方法。

（1）路试制动性能的检验方法

①路试检验制动性能应在平坦（坡度应小于等于1%）、干燥和清洁的硬路面（轮胎与路面之间的附着系数不得小于0.7）上进行。

②在试验路面上画出的试车通道的边线，被测机动车沿着试验车道的中线行驶至高于规定的初速度后，置变速器于空挡（自动变速的机动车可置变速器于D位），当滑行到规定的初速度时，急踩制动，使机动车停止。

③采用速度计、第五轮仪或用其他测试方法测量机动车的制动距离，对除气压制动外的机动车还应同时测取踏板力（或手操纵力）。

④采用合适的仪器，测量机动车充分发出的平均减速度和制动协调时间，对除气压制动外的机动车还应同时测取踏板力。

（2）台试制动性能检验方法

GB 7258—2012中对台试检验机动车制动性能规定，当用台试检验方法检验行车制动性能时，对于汽车在空载状态下，要求制动力总和与整车重量的百分比大于或等于60%，并推荐了两种检验设备，即滚筒式制动检验台和平板式制动检验台。

①用滚筒反力式制动检验台检验。滚筒反力式制动检验台如图3－7所示，滚筒反力式制动检验台滚筒表面应干燥，没有松散物质及油污，滚筒表面附着系数应不小于0.75。驾驶员将机动车驶上滚筒，位置摆正，置变速器于空挡。起动滚筒，在2s后测取车轮阻滞力；使用制动，测取各轮制动力的最大值和制动力增长过程中的左右轮制动力差，并记录车轮是否抱死。

在测量制动时，为了获得足够的附着力，允许在机动车上增加足够的附加质量或施加相当于附加质量的作用力（附加质量或作用力不计入轴荷）。

在测量制动时，可以采取防止机动车移动的措施（例如加三角垫块或采取牵引等方法）。当采取上述方法之后，仍出现车轮抱死并在滚筒上打滑或整车随滚筒向后移出的现象，而制动力仍未达到合格要求时，应改用本标准中规定的其他方法进行检验。

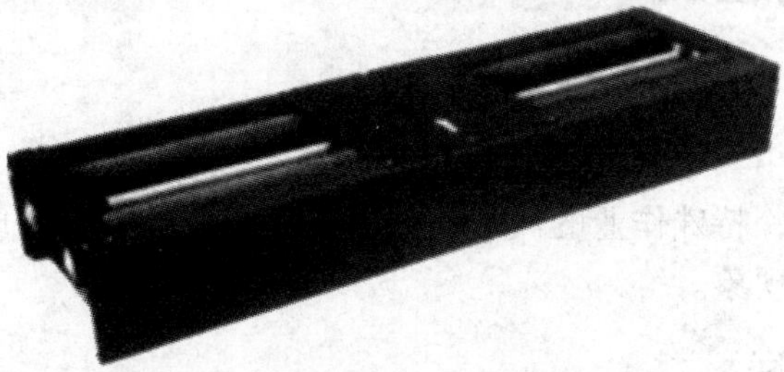

图 3－7　滚筒反力式制动检验台

②用平板制动检验台检验。平板制动检验台如图 3－8 所示，使用时制动检验台平板表面应干燥，没有松散物质及油污，平板表面附着系数应不小于 0.75。驾驶员将机动车对正平板制动检验台，以 5～10km/h 的速度（或制动检验台制造厂家推荐的速度）行驶，置变速器于空挡（自动变速的机动车可置变速器于 D 位），急踩制动，使机动车停止，测取参数值。

图 3－8　平板制动检验台

（3）检验方法的选择

机动车安全技术检验时，机动车制动性能的检验宜采用滚筒反力式制动检验台或平板制动检验台检验制动性能。不宜采用制动检验台检验制动性能的机动车及对台试制动性能检验结果有疑义的机动车，应路试检验制动性能。对满载/空载两种状态的后轴轴荷之比大于 2.0 的载货汽车和载货牵引车，宜加载（或满载）检验制动性能，此时所加载荷应计入轴荷。

机动车制动完全释放时间（从松开制动踏板到制动消除所需要的时间）对单车不得大于 0.5s。

任务六　底盘功能检测

一、转向系的检测

1. 汽车转向盘的检查

转向盘设置于左侧，特殊作业的汽车按需要可设置左右两个转向盘。转向盘应转动灵活，操纵方便，无阻滞现象。

2. 转向车轮检查

汽车应设置转向限位装置。车轮转向过程中，不得与其他部件有干涉现象，转向轮转向后应能自动回正，保证汽车稳定的直线行驶能力。

3. 转向盘的最大自由转动量检查

机动车转向盘的最大自由转动量，最高设计车速大于等于 100km/h 的机动车为 20°；其他机动车为 30°。汽车应具有适度的不足转向特性。

4. 汽车行驶跑偏检查

机动车在平坦、硬实、干燥和清洁的道路上行驶不得跑偏，其转向盘不得有摆振、路感不灵敏或其他异常现象。

（1）机动车在平坦、硬实、干燥和清洁的水泥或沥青道路上行驶，以 10km/h 的速度在 5s 之内沿螺旋线从直线行驶过渡到直径为 24m 的圆周行驶，施加于转向盘外缘的最大切向力不得大于 245N。

（2）机动车转向桥轴载质量大于 4 000kg 时，必须采用转向助力装置。装有转向助力装置的机动车，当转向助力装置失效时，仍应具有用转向盘控制机动车的能力。装有电动转向助力装置的汽车应具有及时报警的功能。

5. 汽车和汽车列车行驶稳定性检查

汽车和汽车列车（不计具有作业功能的专用装置的突出部分），车辆通道圆的外圆直径 D1 为 25. 00m，车辆通道圆的内圆直径 D2 为 10. 60m。汽车由直线行驶过渡到上述圆周运动时，任何部分超出直线行驶时的车辆外侧面垂直面的值（外摆值）不得大于 0. 80m。

6. 汽车的车轮定位检查

车轮定位值应符合该车有关技术条件，并在产品使用说明书中标明。转向节、转向节臂、转向横拉杆、直拉杆及球销应无裂纹和损伤，并且球销不得松旷。对机动车进行改装或修理时横、直拉杆不得拼焊。对前轴采用非独立悬架的汽车，其转向轮的横向侧滑量，用侧滑台（包括双板和单板侧滑台）时侧滑量值应在 ±5m/km 之间。

二、行驶系

1. 轮胎的检查

（1）轮胎的磨损：乘用车、摩托车和挂车轮胎胎冠上花纹深度不得小于 1.6mm；其他机动车转向轮的胎冠花纹深度不得小于 3.2mm；其余轮胎胎冠花纹深度不得小于 1.6mm。乘用车用轮胎应有胎面磨损标志。轮胎胎面不得因局部磨损而暴露出轮胎帘布层。

（2）轮胎的胎面和胎壁上不得有长度超过 25mm 或深度足以暴露出轮胎帘布层的破裂和割伤。

（3）同一轴上的轮胎型号和花纹应相同，轮胎型号应符合整车制造厂的规定。

（4）机动车转向轮不允许装用翻新的轮胎。

（5）机动车所装用的轮胎应与其最大设计车速相适应。

（6）双式车轮的轮胎的安装应便于轮胎充气，轮胎之间应无夹杂的异物。

（7）轮胎负荷不应大于该轮胎的额定负荷，轮胎气压应符合该轮胎承受负荷时规定的压力。

（8）具有轮胎气压自动充气装置的汽车，其自动充气装置应能确保轮胎气压符合该车制造厂的规定。

2. 车轮总成和底盘检查

（1）车轮总成的横向摆动量和径向跳动量：总质量小于或等于 4 500kg 的汽车不得大于 5mm。

（2）最高设计车速大于 100km/h 的机动车，其车轮的动平衡要求应符合有关技术条件的规定。

（3）轮胎螺母和半轴螺母应完整齐全，并应按规定力矩紧固。

（4）悬架系统各球关节的密封件应无切口或裂纹，稳定杆应连接可靠，结构件不得变形或残损。钢板弹簧不得有裂纹和断片现象，同一轴上的弹簧形式和规格应相同，其弹簧形式和规格应符合产品使用说明书中的规定。中心螺栓和 U 形螺栓应紧固、无裂纹且不得拼焊。钢板弹簧卡箍不得拼焊或残损，其紧固螺栓的螺母应靠近轮胎方向。

（5）减振器应安全有效，不得漏油。

（6）最高设计车速大于 100km/h 且轴载质量小于或等于 1 500kg 的客车和乘用车，其悬架特性应符合 GB 18565—2001 的有关规定。

（7）车架不得有变形、锈蚀和裂纹，螺栓和铆钉不得缺少或松动。

（8）前、后桥不得有变形和裂纹。

（9）车桥与悬架之间的各种拉杆和导杆不允许变形，各接头和衬套不得松旷或移位。

三、传动系

1. 离合器

（1）机动车的离合器应接合平稳，分离彻底，工作时不得有异响、抖动或不正常打滑等现象。

（2）踏板自由行程应符合整车技术条件的有关规定。

（3）踏板力应小于等于300N（拖拉机运输机组应小于等于350N），手握力应小于等于200N。

2. 变速器和分动器

（1）换挡时齿轮啮合灵便，互锁、自锁和倒挡锁装置有效，不得有乱挡和自行跳挡现象；运行中无异响；换挡时变速杆不得与其他部件干涉。

（2）在变速杆上必须有驾驶员在驾驶座位上容易识别变速器挡位位置的标志。若变速杆上难以布置，则应布置在变速杆附近的易见部位。

（3）如果电动汽车是通过改变电动机旋转方向来实现倒车行驶，且前进和倒车两个行驶方向的开关转换仅通过驾驶员的一个操作动作来完成，应用一个安全装置使开关只有在静止或低速时才能够转换到倒车位置。

（4）传动轴在运转时不得发生振抖和异响，中间轴承和万向节不得有裂纹和松旷现象。客车的传动轴在客厢地板的下面沿纵向布置时，应有防止传动轴滑动连接（花键或其他类似装置）脱落或断裂等故障而引起危险的防护装置。

（5）驱动桥工作应正常且无异响。

（6）各连接牢靠，无漏油现象。

任务七　车身电气性能检测

一、照明、信号装置

1. 汽车的灯具应安装牢靠、完好有效，不得因汽车振动而松脱、损坏、失去作用或改变光照方向；所有灯光的开关应安装牢固、开关自如，不得因汽车振动而自行开关。开关的位置应便于驾驶员操纵。

2. 汽车及挂车的内外部照明和信号装置的数量、位置、光色、最小几何可见角度等应符合GB 4785—2007的要求。

3. 车长大于6m的汽车应安装侧反射器，汽车挂车必须装有侧反射器。反射器应与机动车牢固连接，且应能保证夜间在其正面前方150m处用汽车前照灯照射时，在照射位置就能确认其反射光。

4. 空载高度大于3.0m或宽度大于2.1m的机动车均应安装示廓灯。

5. 最大设计总质量大于3 500kg的载货汽车和挂车都应在后部设置车身反光标识。后部的车身反光标识应能体现机动车后部宽度。汽车列车及长度大于等于10m的载货汽车侧面应设置车身反光标识，其车身反光标识的长度应不小于车长的50%。

6. 车身反光标识的粘贴技术规范及车身反光标识材料应符合GA 406—2002的规定。

7. 全挂车应在挂车前部的左右各装一只前白后红的标志灯，其高度应比全挂车的前栏板高出300~400mm，距车厢外侧应小于150mm。

8. 附加的灯具、反射器或附属装置不得影响本标准规定安装的灯具和信号装置的性能且不得对其他的道路使用者造成不利影响。

Project 01

二、照明和信号装置的一般要求

1. 汽车的前位灯、后位灯、示廓灯（若安装）、挂车标志灯（若安装）、牌照灯和仪表灯应能同时启闭，当前照灯关闭和发动机熄灭时仍能点亮。汽车和挂车的电路连接时应保证前位灯、后位灯、示廓灯（若安装）、侧标志灯（若安装）和牌照灯只能同时打开或关闭，但当前位灯、后位灯、侧标志灯作为驻车灯使用（复合或混合）时，则上述情况适用。

Project 02

2. 汽车的前、后转向信号灯、危险警告信号灯及制动灯，白天距100m可见；侧转向信号灯，白天距30m可见；前、后位置灯、示廓灯、挂车标志灯，夜间好天气距300m可见；后牌照灯，夜间好天气距20m能看清牌照号码。制动灯的发光强度应明显大于后位灯。

Project 03

3. 汽车照明和信号装置的任一条线路出现故障，不得干扰其他线路的正常工作。

4. 驾驶区的仪表板、仪表盘应采用不反光的面板或护板，车内照明装置及其在风窗玻璃、视镜等处的反射光线不应使驾驶员眩目。

5. 仪表板上应设置仪表灯。仪表灯点亮时，应能照清仪表板上所有的仪表并不得眩目。

Project 04

6. 汽车仪表板上应设置与行驶方向相适应的转向指示信号和蓝色远光指示信号灯。

7. 汽车和轮式拖拉机组均应具有危险警告信号，其操纵装置应不受灯光总开关的控制。对于牵引挂车的汽车，危险警告信号控制开关也应能打开挂车上的所有转向信号灯，即使在发动机控制装置处于不能再起动的情况下，应仍能发出危险警告信号。危险警告信号和转向信号灯的闪光频率为1.5±0.5Hz，起动时间应小于等于1.5s。

Project 05

8. 客车应设置车厢灯和门灯。车长大于6m的客车应至少有两条车厢照明电路，仅用于进出口处的照明电路可作为其中之一。当一条电路失效时，另一条应能正常工作，以保证车内照明，但不得影响驾驶员的视线和其他机动车的正常行驶。

三、前照灯

1. 汽车前照灯光束照射位置在正常使用条件下应不受干扰。

2. 装有前照灯的汽车应有远、近光变换装置，并且当远光变为近光时，所有远光应能同时熄灭。同一辆汽车上的前照灯不允许左、右的远、近光灯交叉开亮。

3. 四灯制前照灯，装于内侧或上侧的一对，应为远光单光束灯。

4. 所有前照灯的近光都不得眩目。

5. 汽车装用的前照灯应分别符合 GB 4599—2007 和 GB 5948—1998 要求。

6. 远光光束发光强度。汽车每只前照灯的远光光束发光强度应达到表 3－12 的要求。测试时，其电源系统应处于充电状态。

表 3－12　前照灯远光光束发光强度要求　（单位：cd）

检查项目 / 机动车类型	新注册车			在用车		
	一灯制	二灯制	四灯制	一灯制	二灯制	四灯制
最高设计车速小于 70km/h 的汽车	—	10 000	10 000	—	8 000	6 000
其他汽车	—	18 000	15 000	—	15 000	12 000

四、光束照射位置要求

1. 在检验前照灯近光光束照射位置时，前照灯在距离屏幕 10m 处，乘用车前照灯近光光束明暗截止线转角或中点的高度应为 0.6～0.8H（H 为前照灯基准中心高度，下同）。汽车前照灯近光光束水平方向位置向左向右偏均不得超过 100mm。

2. 在检验前照灯远光光束及远光单光束灯照射位置时，前照灯在距离屏幕 10m 处，要求在屏幕光束中心离地高度，对乘用车为不低于近光光束明暗截止线转角或中点的高度且不高于 1.0H，对其他汽车为（0.85～0.90）H；汽车的前照灯远光光束水平位置要求，左灯向左偏不得超过 170mm，向右偏不得超过 170mm，右灯向左或向右偏均不得超过 170mm。

3. 汽车装用远光和近光双光束灯时以调整近光光束为主。对于只能调整远光单光束的灯，可调整远光单光束。

任务八　其他电气设备和仪表检测

一、扬声器性能要求

1. 汽车应设置具有连续发声功能的扬声器，其工作应可靠。
2. 汽车扬声器声级在距车前 2m、离地高 1.2m 处测量时，其值为 90～115dB。

二、其他电气设备检测

1. 发电机技术性能应良好。蓄电池应能保持常态电压。所有电器的导线均应捆扎成束、布置整齐、固定卡紧、插头牢固并有绝缘套，在导线穿越孔洞时需装设绝缘套管。

2. 车长大于6m的客车应设置电源总开关，分线路保险完善的客车除外。

3. 车长大于6m的长途客车和旅游客车、半挂牵引车、最大设计总质量大于等于12 000kg的载货汽车应安装具备记录、存储、显示、打印、通过接口输出车辆行驶速度、时间、里程以及有关车辆行驶的其他状态信息的装置，技术要求应符合GB/T 19056—2012的有关规定。

三、电动汽车的其他基本要求

1. 主开关检查

应使用一个主开关来断开车载电源（例如：动力蓄电池）中的至少一个电极，主开关应能通过驾驶员手可触及的一个手动装置来控制（开或关）。

2. 工作状态指示灯检查

应使用一个明显的信号装置（例如：声或光信号）持久或间歇地显示其驱动系统已处于准备工作状态。

3. 动力自诊检查

如果电动汽车功率自动大幅度降低（例如：由于驱动系统或动力源零部件的高温），应通过明显的装置显示这一状态，及时报警，警示清晰，工作可靠。

4. 安全保护检查

当电流过大时，应使用一个电路保护器、切断装置或熔断器断开车载电源（例如：动力蓄电池）的至少一个电极。每次电源切断后，在故障明确的情况下，应允许仅通过正常的电源接通程序来重新给驱动系统供电。

（1）驱动系统经自动或手动关闭后，只能通过正常的电源接通程序重新起动。

（2）任何电气连接件任何不期望的断开都不应导致电动汽车发生危险。

（3）当电动汽车与外部电路（电网、外部充电器）连接时，不能通过其自身的驱动系统使电动汽车移动。

技能训练

1. 训练目的

掌握汽车进厂检验、过程检验、竣工检验的作业项目，并能够规范填写进厂检验单、过程检验单和竣工检验单。

2. 训练设备和材料

汽车整车、发动机总成、底盘各总成等；汽车常用维护、修理检验设备；常用工具、量具。

项目小结

1. 汽车维护分为定期维护和非定期维护；定期维护分为日常维护、一级维护、二级维护；非定期维护分为换季维护和走合期维护。

2. 严格按照维护、小修、装配、大修、车身修复和车身涂装的技术标准进行质量检验。

3. 维修技术人员和质量检验人员要熟练掌握各检验标准和技术要求，同时在工作中要使用质量控制表格。

4. 机动车性能检测包括环保、安全检测，综合性能检测（发动机性能检测、制动性能检测），底盘功能检测（转向系、行驶系、传动系），车身电气性能检测及其他电气设备和仪表检测。

练习与思考题

1. 汽车维护应遵循什么原则？汽车维护分为哪几类？各种维护的主要内容有哪些？
2. 汽车二级维护的工艺过程如何？二级维护的基本作业项目有哪些？
3. 汽车修理质量对零部件拆卸和装配的基本要求有哪些？
4. 曲轴与轴承的装配技术要求有哪些？
5. 活塞连杆组的安装技术要求有哪些？
6. 发动机总成修理竣工质量检验包括哪些内容？
7. 底盘各总成竣工质量检验的内容有哪些？
8. 汽车进厂检验的主要内容有哪些？
9. 汽车过程检验的主要内容有哪些？
10. 汽车竣工检验的主要内容有哪些？
11. 汽车排放检验技术标准要求有哪些？
12. 发动机综合性能检测的主要内容有哪些？
13. 制动性能检测的主要内容有哪些？具体方法如何？
14. 转向系的检测主要有哪些项目？
15. 行驶系检测的主要内容有哪些？
16. 传动系检测的主要内容有哪些？
17. 前照灯检测的主要内容有哪些？

项目四　机动车配件质量检验和控制

项目描述

机动车配件都是由金属和非金属两大类材料制作的，金属材料又分为黑色金属和有色金属，非金属材料有橡胶、塑料、皮革、玻璃和木材等。检验机动车配件质量应掌握制作材料的性能及加工工艺和使用情况，这对正确检验是非常必要的。机动车配件的结构类型也是多种多样的，掌握它们的检验方法和仪器的使用也很关键。

学习目标

1. 掌握机动车配件所用材料主要性能和应用范围。
2. 掌握机动车运行材料性能、分类、牌号和应用范围。
3. 掌握机动车配件质量鉴别、选购、运输保管与维护的方法。

任务一　金属材料

一、金属材料的性能

机动车上的零件大多是采用金属材料制作的，金属材料的性能包括物理性能、化学性能和机械性能等。

1. 金属材料的物理性能

金属材料的物理性能是指金属材料受自然界各种物理现象的作用所表现出来的性能。金属材料的物理性能主要有以下六方面：

（1）密度：指单位体积金属的质量（单位：kg/m^3）。

（2）熔点：指金属由固体熔化成液体时的温度（单位：℃）。

（3）热膨胀性：指金属受热体积膨胀的性能。用线胀系数评价，金属温度每升高 1℃ 所增加的长度与原来长度的比值，称为线胀系数（单位：K^{-1}）。

（4）导热性：指金属传导热量的性能。用热导率或导热系数评价，在单位时间内，当沿着热流方向的单位长度上温度降低1开尔文（或1℃）时，单位面积容许导过的热量，叫做这种材料的热导率或导热系数单位：W/（m·K）。

（5）导电性：指金属传导电流的性能（单位：S/m）。

（6）磁性：指金属导磁的性能或被铁磁吸引的性能（单位：H/m）。

2. 金属材料的化学性能

金属材料的化学性能是指金属材料在常温或在高温环境抵抗氧化和腐蚀的能力。金属材料的化学性能主要有：

（1）耐腐蚀性：指金属抵抗腐蚀介质侵蚀的性能。

（2）抗氧化性：指金属在高温下保持足够的抵抗氧化的性能。

（3）耐酸碱性：指金属抵抗各种酸类、碱类物质侵蚀的性能。

3. 金属材料的机械性能

金属材料的机械性能是指金属材料抵抗外力的性能。金属材料使用性能的优劣，决定了它的使用范围与使用寿命，金属材料的机械性能也是零件设计和选材时的主要依据，外加载荷性质不同（例如拉伸、压缩、扭转、冲击、循环载荷等），对金属材料要求的机械性能也会不同。金属材料的机械性能主要有：

（1）硬度：指金属材料抵抗比它更硬的物体压入的能力。一般用布氏硬度（HB）或洛氏硬度（HR）表示。

（2）强度：指金属材料抵抗外力作用下的变形和破坏的能力。以抗拉强度表示。

（3）塑性：指金属材料受到外力作用时产生显著的永久性变形而不断裂的能力，常用伸长率（δ）和断面收缩率（ψ）表示。

（4）疲劳：指金属零件长期在交变载荷作用下工作，突然发生断裂的现象，以疲劳强度 σ_{-1} 表示。

（5）韧性：指金属材料抵抗冲击而不致断裂的能力，常以冲击韧度 d_K 表示。

二、金属材料的分类、牌号及用途

1. 金属材料的分类

金属分为黑色金属和有色金属两大类。黑色金属可分为钢和铸铁，有色金属又可分铝及铝合金、铜及铜合金和轴承合金。

2. 金属材料的牌号及用途

（1）钢：是含碳量小于2.11%的铁碳合金，是使用最广泛的金属材料。汽车上的重要零件绝大部分用钢制成。钢的种类很多，按有没有加入碳以外的其他元素，可分为碳素钢和合金钢两大类，按含碳量多少又可分为低碳钢（$C<0.25\%$）、中碳钢（$0.25\%\leqslant C\leqslant$

0.6%）和高碳钢（C＞0.6%）三类。

①碳素钢：碳素钢可分为很多类，在汽车上应用较多的有碳素结构钢和优质碳素结构钢。碳素结构钢的牌号由代表屈服的字母、屈服点的数值、质量等级符号、脱氧方法符号等4个部分按顺序组成，如Q235－AF。常用的牌号有Q195、Q215A（B）、Q235A（B）、Q255A（B）、Q275等，常用于制造受力不大、不重要也不复杂的零件，如螺钉、螺母、垫圈、推杆等。优质碳素结构钢的牌号由两位数字表示，即指钢平均含碳量的万分之几。如钢号“30”表示钢中含碳量0.30%。含锰量较高的优质碳素结构钢，应将锰元素符号标在钢号后，如15Mn、45Mn等。优质碳素结构钢常用牌号有15、20、25、35、45、60、45Mn、65Mn等。

②合金钢：在碳钢中加入一种或多种适量合金元素，以改善钢的某种性能，称为合金钢。常加入的合金元素有Si、Mn、Cr、Ni、W、V、Mo、Ti等。合金钢根据用途分为合金结构钢、合金工具钢和特殊性能钢三大类。合金结构钢有较高的强度和良好的韧性，在机动车上用于制造受热、受磨损和冲击载荷较剧烈的零件。合金结构钢的牌号由“两位数字＋元素符号＋数字”表示：后面数字表示合金元素平均含量的百分数。合金结构钢40Cr用作重要调质件，如气门、气缸盖螺栓、车轮螺栓、半轴和重要齿轮等。

（2）铸铁：铸铁具有良好的可铸性、耐磨性和切削性。适宜制造形状复杂、锻造困难的零件，如气缸体、气缸套、后桥壳、飞轮、制动鼓等。铸铁分为白口铸铁、灰铸铁（HT）、球墨铸铁（QT）、可锻铸铁（KT）和合金铸铁等。灰铸铁（HT）主要用于制造气缸体、气缸套、后桥壳、飞轮、制动鼓等；球墨铸铁（QT）主要用于制造曲轴、凸轮轴和前、后桥壳；可锻铸铁（KT）主要用于制造桥壳、轮、活塞环、齿轮轴、摇臂等。

（3）常用有色金属：铝、镁、铜、铅、锌及其合金称为有色金属。有色金属具有良好的导电性和导热性能，密度小而强度高，耐腐蚀性好等优点，在现代汽车上应用越来越广泛。

①铝及铝合金：纯铝呈银白色，熔点低于660℃，具有良好的导电性和导热性能，主要用于制造电线、电缆，以及配制合金等。我国工业纯铝的牌号是用“L”和表示纯度的数字表示。如L1、L2、L3、L4等，编号数字越大，纯度越低。铝合金是在纯铝中加入Si、Mn、Mg、Cu等合金元素后，获得强度较高、耐腐蚀性较好的铝合金。铝合金有形变铝合金和铸造铝合金两类。常用形变铝合金的牌号有LF5、LF11等防锈合金，用来制造热交换器、壳体等；LY1、LY11等硬铝合金，用于飞机制造中；LD锻造铝合金用于制造耐高温件，如活塞、气缸盖等。

铸造铝合金代号用ZL1、ZL2、ZL3、ZL4表示，字母后的数字分别表示铝硅、铝铜、铝镁和铝锌合金。ZL后面第二、三个数字表示顺序号，如合金代号为ZL101表示的是铝硅合金。铝硅合金常用来制造活塞、气缸体、各种电动机和仪表外壳等。

②铜和铜合金：纯铜外观呈紫红色，具有良好的导电性、导热性、耐腐蚀性和塑性，主要用于制造导电器材或配制各种铜合金。工业纯铜的牌号为T1、T2、T3，“T”为铜的汉语拼音字首，数字为编号，数字越小纯度越高。铜合金有黄铜、青铜和白铜三种。

黄铜是以锌为主要合金元素的铜合金，当铜中只加入锌时称为普通黄铜，用字母加数字表示牌号，如H65，“H”是黄字拼音字首，数字表示铜的含量，锌及含量不标出。还加入其他元素的称为特殊黄铜，其牌号是“H”后加元素字母和数字，前两位数字表示铜含量百分数，后一位数表示主加元素含量百分数。黄铜主要用来制作导管、冷凝器、散热片及导电、冷冲及冷挤压零件和各种结构零件（如衬套、垫圈等）。

青铜是指除锌、镍，铜与其他元素所组合的合金均称青铜。青铜的牌号以字母“Q”加主要元素符号和数字组成，“Q”是青字拼音的字首，如 QSn4－3、QBe2。青铜主要用于制造轴承、轴套、弹簧等零件。

（4）轴承合金：常用的轴承合金有锡基、铅基、铜基和锡铝基轴承合金等。机动车发动机上常用的滑动轴承合金有锡基和高锡铝基轴承合金。高锡铝基轴承合金具有较高的疲劳强度和良好的耐磨性及承载能力，较好的抗咬合性能。

任务二　非金属材料

在机动车制造、维修中，常用的非金属材料种类繁多，主要有玻璃、石棉、橡胶、纸类、皮革和软木等，用于制作各种垫料、填料、装饰及制造零件等。

一、玻璃

玻璃是机动车制造中用到的重要材料，现代汽车的车身外形上应用玻璃的地方很多。它具有透明、隔音、防尘和保温等作用。玻璃种类较多，常用的有普通玻璃、钢化玻璃和夹层玻璃等。

1. 钢化玻璃

钢化玻璃用普通平板玻璃或磨光玻璃经加热与淬火制成，具有抗弯曲、耐冲击和很高的热稳定性的特点。当受到强大冲击时，会破碎成粒状，不会对人造成严重伤害。适用驾驶室和客车侧窗用安全玻璃。

2. 夹层玻璃

夹层玻璃是两块普通玻璃中间夹一层薄膜，经强力胶合热压制成。由于中间膜的弹性回收作用，当受冲击破碎时不易飞散伤人。

二、橡胶

橡胶分为天然橡胶和合成橡胶。橡胶具有优良的弹性和较高的强度，具有耐磨、耐腐蚀和绝缘性好等特点，不易起变化；渗入纤维或金属物后可承受较高压力。

1. 天然橡胶

天然橡胶主要来源于三叶橡胶树，当这种橡胶树的表皮被割开时，就会流出乳白色的汁液，称为胶乳，胶乳经凝聚、洗涤、成型、干燥即得天然橡胶。

2. 合成橡胶

合成橡胶是由人工合成方法而制得的，采用不同的原料可以合成出不同种类的橡胶。合成橡胶分为通用橡胶和特种橡胶。

（1）通用橡胶是指部分或全部代替天然橡胶使用的胶种，如丁苯橡胶、顺丁橡胶、异戊橡胶等，主要用于制造轮胎和一般工业橡胶制品。通用橡胶的需求量大，是合成橡胶的主要品种。

①丁苯橡胶是由丁二烯和苯乙烯共聚制得的，是产量最大的通用合成橡胶，常用的有乳聚丁苯橡胶、溶聚丁苯橡胶和热塑性橡胶。

②顺丁橡胶是丁二烯经溶液聚合制得的，顺丁橡胶具有特别优异的耐寒性、耐磨性和弹性，还具有较好的耐老化性能。顺丁橡胶绝大部分用于生产轮胎，少部分用于制造耐寒制品、缓冲材料以及胶带、胶鞋等。顺丁橡胶的缺点是抗撕裂性能较差，抗湿滑性能差。

③异戊橡胶是聚异戊二烯橡胶的简称，采用溶液聚合法生产。异戊橡胶与天然橡胶一样，具有良好的弹性和耐磨性，优良的耐热性和较好的化学稳定性。异戊橡胶生胶（未加工前）强度显著低于天然橡胶，但质量均匀性、加工性能等优于天然橡胶。异戊橡胶可以代替天然橡胶制造载重轮胎和越野轮胎，还可以用于生产各种橡胶制品。

④乙丙橡胶由乙烯和丙烯为主要原料合成，耐老化、电绝缘性能和耐臭氧性能好。乙丙橡胶可大量充油和填充碳黑，制品价格较低，乙丙橡胶化学稳定性好，耐磨性、弹性、耐油性和丁苯橡胶接近。乙丙橡胶的用途十分广泛，可以作为轮胎胎侧、胶条和内胎以及汽车的零部件，还可以作电线、电缆包皮及高压、超高压绝缘材料。

⑤氯丁橡胶它是以氯丁二烯为主要原料，通过均匀聚合或少量其他单体共聚而成的。耐热、耐光、耐老化性能优良；耐油性能均优于天然橡胶、丁苯橡胶、顺丁橡胶；具有较强的耐燃性和优异的抗延性；化学稳定性较高，耐水性良好。氯丁橡胶的缺点是电绝缘性能、耐寒性能较差，生胶在贮存时不稳定。氯丁橡胶用途广泛，如用来制作运输皮带和传动带、电线、电缆的包皮材料；制造耐油胶管、垫圈以及耐化学腐蚀的设备衬里。

（2）特种橡胶是指具有特殊性能（如耐高温、耐油、耐臭氧、耐老化和高气密性等），并应用于特殊场合的橡胶，例如丁腈橡胶、丁基橡胶、硅橡胶、氟橡胶等。特种橡胶用量虽小，但在特殊应用的场合是不可缺少的。

①丁腈橡胶是由丁二烯和丙烯腈经乳液聚合法制得的，主要采用低温乳液聚合法生产。其耐油性极好，耐磨性较高，耐热性较好，粘接力强。其缺点是耐低温性、耐臭氧性差，电性能低劣，弹性稍低。丁腈橡胶主要用于制造耐油橡胶制品。

②丁基橡胶是由异丁烯和少量异戊二烯共聚而成的，主要采用淤浆法生产。透气率低，气密性优异，耐热、耐臭氧、耐老化性能良好，其化学稳定性、电绝缘性也很好。丁基橡胶的缺点是硫化速度慢，弹性、强度、粘着性较差。丁基橡胶的主要用途是制造各种车辆内胎，用于制造电线和电缆包皮、耐热传送带、蒸汽胶管等。

③氟橡胶是含有氟原子的合成橡胶，具有优异的耐热性、耐氧化性、耐油性和耐药品性，它主要用于航空、化工、石油、汽车等工业部门，作为密封材料、耐介质材料以及绝缘材料。

④硅橡胶由硅、氧原子形成主链，侧链为含碳基团，用量最大的是侧链为乙烯基的硅橡胶。这种橡胶既耐热，又耐寒，使用温度在 -100 ~ 300℃之间，它具有优异的耐气候性和耐臭氧性以及良好的绝缘性。缺点是强度低，抗撕裂性能、耐磨性能差。硅橡胶主要用于航空工业、电气工业、食品工业及医疗工业等方面。

⑤聚氨酯橡胶是由聚酯（或聚醚）与二异氰酸酯类化合物聚合而成的。其耐磨性能、弹性好，硬度高，耐油、耐溶剂，缺点是耐热、耐老化性能差。聚氨酯橡胶在汽车、机械工业中的应用最多。

3. 机动车上常用的橡胶制品

机动车上常用的橡胶密封制品有 O 形圈、各种断面的密封圈、密封衬垫、隔膜、阀垫、密封胶条、制动皮碗等，用于防止气体、液体泄漏，防止外界灰尘、泥沙及水分等侵入的密封机构。还用于制造轮胎及皮带等传递运动的零件。

（1）轮胎：普通充气轮胎由外胎、内胎和垫带等组成，起支承全车质量、推动机动车行驶、吸收振动、缓和地面冲击等作用。

（2）风扇带：风扇带是机动车上常用的一种橡胶纤维绳 V 带，断面几何形状呈梯形，主要用来传递动力，如曲轴带轮与水泵、发电机、空气压缩机等带轮之间的动力传递。

（3）橡胶软管：机动车上用的橡胶软管种类较多，要求不一。输气橡胶软管要求可承受 784kPa 的工作压力，输油橡胶软管要求可承受 400kPa 的工作压力，气压制动胶管要求可承受 980kPa 的工作压力，液压制动胶管要求可承受 10 920 ~ 12 250kPa 的工作压力。高压钢丝缠绕胶管耐高压、管体柔软，用于液压或气压传动系统到分泵的连接。

（4）耐油橡胶密封制品：多由丁腈橡胶制作，具有良好的耐油性和耐芳香溶剂性能。

（5）门窗密封橡胶制品：多用氯丁橡胶制作，具有良好耐高温老化和耐臭氧老化性能，有较好的不透气性。

（6）制动皮碗、皮圈：用天然橡胶制作，具有较好的耐寒性，较高的膨胀率、良好耐磨性和密封性。

（7）气缸套密封水圈：用氟橡胶制作，具有良好的耐油性和耐热性能。

（8）耐热密封垫：用硅橡胶制作，具有良好的耐热性、使用弹性和耐自然老化性能。

（9）油封、O 形圈：选用聚氨基甲酸酯橡胶制作，具有良好的耐磨性、耐油性和不透气性。

（10）密封胶条、防尘罩：多用天然橡胶和氯丁橡胶混合制作，具有良好的耐油性、耐寒性、耐屈挠性、耐老化性和良好的回弹性。

三、塑料

塑料是指用合成树脂为主要原料制成的，在一定条件下具有良好塑性的高分子有机化合物。汽车上常用的塑料有：

1. 聚乙烯（PE）

软化温度在 393K（120℃）以上，使用温度可达 353K（80℃）以上，耐寒性优良，在203K（－70℃）时仍保持柔软性。化学稳定性好，室温下不溶于有机溶剂，耐酸碱；强度不高，热变形温度低，不能承受较大载荷；可制作耐蚀器皿、手柄、机油桶等。

2. ABS塑料

表面硬度高，尺寸稳定，耐化学腐蚀，易于成型及机械加工，表面可镀铬；用于制作挡泥板、仪表板、扶手等。

3. 聚酰胺塑料（PA）

聚酰胺塑料又称尼龙。它坚韧、耐磨、耐疲劳、耐油、耐水，可制作凸轮轴正时齿轮、踏板衬套、半轴齿轮及行星齿轮耐磨垫片等。

4. 聚甲醛（POM）

有良好的综合性能，强度、刚度、韧性、抗蠕变性等均较高，减磨性及耐磨性良好，可广泛代用铜及铜合金。汽车上用来制作耐磨垫片、无油润滑轴承和小齿轮等零件。

5. 聚碳酸酯（PC）

力学性能良好，有突出的抗冲击能力，尺寸稳定性高，着色性好，吸水性强，电气性能良好，耐热性高于尼龙及聚甲醛。汽车上用于制作灯罩及装饰物。

6. 氟塑料

氟塑料又称塑料王，有极宽的工作温度范围，可在－250～260℃温度范围下长期工作；它有优异的耐蚀性、电绝缘性和极低的摩擦系数，常用于制造汽车中密封垫圈。

四、石棉

石棉是一种天然的矿物纤维，质地柔软，不易燃烧，导热性差，有良好的吸附性和防腐性，主要用于制造密封、保温、隔热和绝缘材料等。

五、纸板

纸板有压缩纸板和衬垫纸板之分。压缩纸板是用造纸材料加压而成，能防油类的渗透，一般用于油、水和气管路连接件处的衬垫；衬垫纸板是经浸渍后的纸板，用于制造各种密封垫片。

任务三　汽车运行材料

机动车运行材料主要有燃料、润滑材料、工作液和轮胎等。运行材料属于易耗材料，需要定期添加或更换，才能保证机动车的安全运行。

一、燃料

机动车运行用燃料有汽油、轻柴油和新型燃料（如天然气），下面主要介绍前两种。

1. 汽油

汽油是点燃式内燃机的燃料，是从石油中精炼后得到的碳氢化合物。

（1）汽油的使用性能

汽油的使用性能包括汽油的蒸发性、抗爆性、安定性、防腐性和清洁性。

①蒸发性：汽油的蒸发性是指汽油从液体状态转化为气体状态的性能。汽油的蒸发性越好，就容易形成品质良好的可燃混合气，保证发动机在各种自然条件下都能迅速启动、加速和正常运转。

②抗爆性：汽油的抗爆性是指汽油在气缸内燃烧时防止产生爆燃的能力。汽油抗爆性的好坏用辛烷值来表示。汽油的辛烷值越高，抗爆燃性越好。

③安定性：汽油的安定性是指在正常的贮存和使用条件下，保持汽油性质不发生永久变质的能力。安定性差的汽油在贮存中，容易发生氧化反应，生成胶状粘稠沉淀和酸性物质，酸值增加，颜色变黄，辛烷值降低。

④防腐性：汽油的防腐性是指防止汽油腐蚀金属的能力。汽油中的腐蚀物质有硫、硫化物、有机酸、水溶性酸碱等。国标中规定汽油中硫的含量不允许大于0. 15%；酸度不大于3mgKOH/100mL（是指中和100mL油品中的酸性物质所需的氢氧化钾质量）；不允许含有水溶性酸碱（如氢氧化钾、氢氧化钠）。

⑤清洁性：汽油的清洁性是指汽油中是否有机械杂质和水分。机械杂质会加速气缸、活塞和活塞环的磨损，水分在冬季结冰造成油路堵塞，都影响发动机正常工作。

（2）汽油的牌号和使用

①汽油的牌号：我国机动车用汽油均为无铅汽油，现有90#、93#、95#、97#等牌号，如90#表示辛烷值不低于90。

②汽油的使用：汽油牌号的选用应符合汽车使用的要求，一般压缩比高的发动机应选用辛烷值高的汽油。

③汽油使用应注意的事项：改用高牌号汽油时，可把点火提前角适当提前些，反之则适当推迟；不同牌号的汽油不能混放；不应使用存放变质的汽油；不要用橡胶、油漆溶剂油和工业汽油代替车用汽油；在夏季和高原地区工作，应加强发动机散热，油管、汽油泵需隔热，防止气阻产生。

2. 轻柴油

（1）轻柴油的使用性能

轻柴油的使用性能包括柴油的发火性、蒸发性、低温流动性、粘度、安定性、防腐性和清洁性等。

①发火性：柴油的发火性是指柴油自燃的能力，用十六烷值来表示。大多数商用柴油

的十六烷值在 35～65 之间，一般选用 45～50。十六烷值越高，发火性越好。

②蒸发性：柴油机的低温启动性、工作可靠性、燃料经济性和耐久性均与柴油的蒸发性有关。喷入燃料室中的柴油是在汽化以后着火燃烧的，从燃料喷入燃烧室到开始燃烧这一段时间内，燃料的蒸发速度与燃料的蒸发性有很大关系，而蒸发速度对柴油机混合气形成速度影响很大。

③低温流动性：柴油的低温流动性用凝点来表示。凝点是指在规定条件下柴油失去流动能力时的温度值。我国轻柴油按凝点划分牌号。

④粘度：粘度是液体流动的能力。粘度低会使燃油泄漏量增加，加剧部分零件的磨损。但柴油易于雾化：粘度高时阻力会增加，使雾化变差，但润滑性能较好。

（2）轻柴油的牌号及选用

①轻柴油的牌号：国产轻柴油按凝点分为六种牌号（GB 252—2011），即 10 号、0 号、－10 号、－20 号、－35 号和－50 号。按牌号，凝点分别不高于 10℃、0℃、－10℃、－20℃、－35℃和－50℃。

②轻柴油的选用：选用时，根据 GB 252—2011 标准要求，选用轻柴油牌号应遵照以下原则：应根据地区气温，选用不同牌号（即凝点）的轻柴油，并随季节变化而适时更换。使用地区气温低，应选用凝点较低的轻柴油，反之选用凝点较高的轻柴油。为保证车用柴油机能正常工作，选用轻柴油的凝点应低于季节最低温度 3～5℃。选用原则是：10 号轻柴油适合于有预热设备的高速柴油机使用；0 号轻柴油适合于最低气温在 4℃以上的地区使用，即全国 4～9 月份及长江以南地区冬季使用；－10 号轻柴油适合于最低气温在－5℃以上的地区使用，即长江以南地区冬季使用；－20 号轻柴油适合于－5～－14℃的地区使用，既适合于长城以北冬季使用，也适合于长城以南、黄河以北地区严冬使用；－35 号轻柴油适合于－14～－29℃的地区使用，即适合于东北、华北、西北地区使用；－50 号轻柴油适合于－29～－44℃的地区使用，即适合于东北、新疆、西藏等高寒地区严冬使用。

使用柴油时，不同牌号的柴油可掺兑使用，以改变其凝点，如在 0 号柴油中按比例加入一些低凝点柴油，便可使其能在－10℃下使用；也可以在柴油中加入裂化煤油，如在 0 号柴油中加入 40% 的裂化煤油，可获得－10 号柴油。但柴油中不能加入汽油。

二、机动车用润滑油

1. 发动机用润滑油（机油）

（1）机油的性能特点

①粘度和粘温性：粘度是指机油的稀稠程度。粘度大，其润滑性、密封性、缓冲性较好，缺点是冷却洗涤效果较差；粘度小的性能刚好相反。粘温性是指机油粘度随着温度的变化而变化的性能。一般是温度升高粘度降低；温度降低而粘度增大。发动机机油应具有合适的粘度和良好的粘温性。

②洁净分散性：是指在机油中加入洁净分散剂，以吸附其中固体污染颗粒，减小沉淀

物和漆膜的形成，将低温油泥分散于油中以利于循环过滤掉。

③抗泡沫性：是指在机油中加入抗泡沫剂，以减小发动机工作中产生泡沫，确保摩擦表面润滑良好。

④抗氧化性：是指在机油中加入抗氧化剂，抵抗大气或氧气的作用而保持其性质的能力。

⑤抗磨性：是指在机油中加入抗磨剂，提高零件摩擦表面上油膜的抗磨性。

（2）机油的分类和牌号

国标 GB/T 14906—1994《内燃机油粘度分类》将粘度等级分为：0W、5W、10W、15W、20W、25W、20、30、40、50 和 60。

SC 汽油机油按粘度分为 5W/20、10W/30、15W/40、30 和 40 等牌号。

SD 汽油机油按粘度分为 5W/30、10W/30、15W/40、30 和 40 等牌号。

SE 汽油机油按粘度分为 5W/30、10W/30、15W/40、20/20W、30 和 40 等牌号。

SF 汽油机油按粘度分为 5W/30、10W/30、15W/40、30 和 40 等牌号。

CC 柴油机油按粘度分为 5W/30、5W/40、10W/30、10W/40、15W/40、20W/40、30、40 和 50 等牌号。

CD 柴油机油按粘度分为 5W/30、10W/30、10W/40、15W/40、20W/40、30、40 等牌号。

机油牌号中，在数字后面带“W”字母的，表示低温系列，数字代表粘度等级，W 表示冬用；不带字母的数字代表普通系列。牌号中 15W/30 这种形式称为多级油，表示这种机油的粘温性良好，可四季通用。

（3）内燃机油的选择

内燃机油的选择，一是使用级的选择，二是粘度级号的选择。使用级是首选内容。选择时主要考虑发动机机型，气缸的有效压力越高，发动机的转速越高，对内燃机油要求的使用级也越高。

柴油机油使用级的选择，主要根据柴油机的强化程度。选择柴油机油要严格遵照汽车使用说明书的要求。

在每个使用级中有若干个粘度级，粘度级号的选择主要考虑环境温度，如北京地区普遍使用 15W/40 号油。各汽车生产厂家对发动机润滑油都有严格的要求标准，按使用说明书选择。

（4）机油使用中的注意事项

①在能保证润滑的条件下，要尽量选用粘度低的机油。只有在机器磨损严重时，才应选择高粘度的机油。

②使用级较高的机油可以用于要求低的发动机上，反之则不可。

③汽油机油和柴油机油原则上应区别使用，只有制造厂许可时，才可在一定范围内通用。

④汽车上不能使用机床或航空用机油。

2. 齿轮油

(1) 齿轮油的牌号

按旧国标 GB 7631. 1—1987，齿轮油的牌号分为 70W、75 W、80 W、85 W、90、140、250 等七个粘度牌号。我国汽车齿轮油（GB 13985 - 92）按使用性能分为普通车辆齿轮油（GL - 3）、中负荷车辆齿轮油（GL - 4）、和重负荷车辆齿轮油（GL - 5）三个品种。

普通车辆齿轮油，适用于中速和负荷比较苛刻的手动变速器和螺旋锥齿轮驱动桥。按粘度分为 80 W /90、85 W /90 和 90 等三个牌号。

重负荷车辆齿轮油（GB 13895—1992）适用于高速冲击负荷、高速低扭矩和低速高扭矩下工作的各种齿轮，特别是轿车和其他各种车辆的双曲面齿轮。GL - 5 级油有 75 W、80 W/90、85 W/140、90 和 140 等粘度牌号。

目前国际上采用美国汽车工程师协会（SAE）和美国石油学会（API）的分类标准，API 质量标号是根据齿轮负载能力分为 GL - 1、GL - 2、GL - 3、GL - 4、GL - 5、GL - 6 等六个级别。SAE 分为 70 W 、75 W、80 W、85 W、90、140 和 250 等七个牌号，具体可根据当地气温选用。

(2) 齿轮油的选用

齿轮油原则上应按照汽车使用说明书的规定进行选用，也可以按照工作条件选用品种，按气温选择牌号。使用齿轮油时，不能将使用级较低的齿轮油用于要求较高的车辆上，也不要将使用级别较高的齿轮油用在要求较低的车辆上。

3. 润滑脂

(1) 润滑脂分类

根据 GB 7631. 8—1990 的规定，我国润滑脂的分类参照国际标准（ISO）的分类方法。按旧国标 GB 7631. 1—1987 的规定把润滑脂的稠度分为 000、00、0、1、2、3、4、5、6 等 9 个等级。

(2) 润滑脂的牌号和选用

目前，汽车常用润滑脂品种有钙基润滑脂、钠基润滑脂、汽车通用锂基润滑脂、极压复合锂基润滑脂和石墨钙基润滑脂等。

①钙基润滑脂（GB/T 491—2008）是由动植物脂肪与石灰制成的钙皂化矿物润滑油，并以水作为胶溶剂制成。它有 1、2、3、4 等四个稠度牌号，可用于汽车、拖拉机等机械设备上，使用温度范围为 -10 ~ 60℃。其特点是遇水不易乳化，容易黏附于金属表面，胶体安定性好，但使用温度低，使用寿命短。

②钠基润滑脂（GB 492—1989）是以动植物脂肪酸钠皂化矿物润滑油制成的耐高温但不耐水的普通润滑脂，有 2 号和 3 号两个稠度牌号。

③汽车通用锂基润滑脂（GB/T 5671—2014）用天然脂肪酸锂皂化低凝点润滑油，并加抗氧、防锈剂制成，具有良好的机械安定性、胶体安定性、防锈性、氧化安定性和抗水性，适用于 30 ~ 120℃温度范围内汽车轮毂轴承、水泵、发电机等各摩擦部位的润滑，稠度牌号为 2 号。进口汽车和国产新车普遍推荐使用这种润滑脂。

④极压复合锂基润滑脂（SH 0535—1993）与汽车通用锂基润滑脂的区别是有更高的极压抗磨性，适用于 -20 ~ 160℃。高负荷机械设备的齿轮和轴承的润滑，有 1、2 和 3 号 3 个稠度牌号。部分高性能进口汽车推荐使用这种润滑脂。

⑤石墨钙基润滑脂是由动植物油钙皂稠化 68 号机械油而制成的，其中加有 10% 的鳞片石墨，具有良好的抗水性和抗碾压性能，适用于重负荷、低运转和粗糙的机械润滑。汽车的钢板弹簧、起重机齿轮转盘及半拖挂货车的转盘等承压部位使用石墨钙基润滑脂。

选择润滑脂应根据车辆和机械设备说明书的规定，选用与使用润滑脂部位要求相适应的品种和稠度牌号。

4. 自动变速器油

自动变速器传动油（ATF）是由精制的矿物油或合成油加入各种添加剂而合成的，是要求最高的润滑油，必须满足动力传递、液压控制、润滑、冷却等各方面的要求，必须有适宜的粘度和粘温性，又要有良好的耐热安定性、润滑性及耐摩擦性，还应有优良的抗泡沫性。自动变速器传动油的规格主要以美国通用公司的“DEXRON Ⅱ - E”和福特公司的“MERCON”为代表，也有欧洲的“VWATF”和日本的“ORIGINAL ATF”。我国现有中国石油化工总公司按 Q/SH 003.01.012—1988 生产的 6 号和 8 号液力传动油。各车应按制造厂家推荐的规格选用。

三、机动车用工作液

1. 制动液

制动液是机动车制动系和液压离合器操纵系统中传递压力的介质，为了保证行车安全，制动液必须有适当的粘度、气阻温度、氧化安定性和橡胶溶胀性等要求。

（1）制动液的分类

制动液的分类按其组成和特性分为醇型、醇醚型、脂型、矿油型和硅油型等几种。醇醚型和脂型属于合成型，目前应用广泛。

（2）制动液的牌号

①国外制动液的牌号：国外制动液的牌号主要有 DOT3、DOT4。DOT3 和 DOT3 属醇醚型合成制动液，应用最广泛。

②国产制动液的牌号：按国标 GB 12981—2012 合成型制动液有 HZY2、HZY3 和 HZY4 等三个牌号，后两个分别与 DOT3、DOT4 在性能上对应。目前国产的各类载货汽车使用的有 4603、4603 - 1 型号，高级轿车用 4604 型号，属于合成型制动液。

（3）制动液的选用与使用注意事项

①制动液的选用：选用制动液时，根据其性能与工作条件的要求，确保机动车行车安全。还应考虑气温、湿度和道路条件，最好是按照机动车使用说明要求用。

②制动液使用注意事项：各种制动液不能混用；保持清洁、注意防潮；按要求定期更换制动液，更换期一般为车辆行驶 20 000 ~ 40 000km 或 1 ~ 2 年。更换下来的制动液不能再

用且应妥善保存；应注意防火，存放在阴凉干燥的地方。

2. 防冻液

发动机防冻液是冷却系起降温作用的一种工作介质，应具有防冻、防锈、防沸腾和防水垢等性能。

（1）防冻液的分类

常用的防冻液为水与乙二醇、水与酒精、水与甘油按一定比例混合而成。水与乙二醇配制的防冻液应用最广泛，其冰点最低能达 - 68℃。

（2）防冻液的牌号

按石化行业标准 NB/SH/T 0521—2010 生产的乙二醇型冷却液按冰点不同，分为 -25、-30、-35、-40、-45、-50 等六个牌号。

（3）防冻液的选用与使用注意事项

①防冻液的选用：根据当地冬季最低气温选用适当冰点牌号的防冻液，冰点至少应低于最低气温 5℃。选浓缩液时，应按产品说明书的规定添加清洁水。

②防冻液使用注意事项：防冻液有一定的毒性，严禁用嘴吸，手接触后应及时清洗；按期更换防冻液，更换时应放净原液并清洗干净冷却系；加注量要适当，一般是冷却系统总容量的 95%。

3. 玻璃清洁液

玻璃清洁液，是一种不含磨蚀性物质，能迅速清除玻璃上的污垢，令玻璃清透明亮的清洁用品，适用于一般汽车玻璃以至有机玻璃及塑料窗，如挡风玻璃及天窗等。玻璃清洁液的俗称是玻璃水。一般来说，我国汽车用品零售市场上的玻璃清洁液可分三种：一种是夏季常用的，在清洁液里增加了除虫胶成分，可以快速清除撞在挡风玻璃上的飞虫残留物；一种是专为冬季使用的防冻型玻璃清洁液，保证在外界气温低于零下 20℃时，依旧不会结冰冻坏汽车设施；一种是特效防冻型，保证在外界气温零下 40℃时依旧不结冰，适合我国最北部的严寒地区使用。

四、机动车轮胎

1. 轮胎的性能

轮胎必须具有较好的弹性和承受载荷的能力，在与路面直接接触的胎面还应具有足够的附着性能，以提高汽车的动力性、制动性和通过性。评价轮胎的性能指标主要有滚动阻力、发热量、附着性能、胎面花纹噪声、浮滑现象、驻波、耐磨性等方面。

（1）滚动阻力：这是由于轮胎滚动时产生弹性变形滞后现象，引起地面对它的支反力作用点前移，形成反转动力矩所假想成的一个切向阻力。它与轮胎的弹性变形量和车速有关，变形愈大、车速愈高，滚动阻力愈大。

（2）发热量：轮胎在滚动过程中由于摩擦、变形等会引起发热并不断累积热量，造成轮胎内部温度升高，长期过热会使各结构之间的粘合力下降，导致结构层分离，严重时产生爆胎现象。其影响因素有充气压力、载荷、车速及轮胎的结构等。

（3）附着性能：这是指路面对驱动车轮所能产生的最大切向反力，这个反力大，附着性能好，能充分发挥汽车的驱动能力，汽车的制动性能也好。附着性能的好坏除取决于路面条件外，主要与轮胎类型、轮胎结构、胎面花纹、胎压有关。

（4）胎面花纹噪声：这是轮胎与路面接触中胎面花纹槽中所含的空气，在轮胎滚动中被密封在花纹槽与路之间并受到压缩，当纹槽滚离路面时，被压缩的空气从纹槽突然冲出所产生的噪声。

（5）驻波：轮胎与路面接触滚动时，由于产生弹性变形的滞后现象，除产生滚动阻力外还会使胎面产生振动，这一振动称为驻波。其危害是使轮胎温度急剧升高，甚至使轮胎爆裂。

（6）浮滑现象：汽车在积水路面上高速行驶时，胎面没有排开路面上的积水，使胎面不能同路接触，造成车辆在积水路面上打滑，这种现象称浮滑现象。

（7）轮胎耐磨性：汽车在行驶过程中，轮胎与路相互作用，在滚动中也会有滑动，特别是制动过程，滑动所产生的摩擦力很大，这会使胎面磨损，甚至产生烧焦的现象。抵抗这种磨损或损坏的能力称为轮胎的耐磨性。

2. 轮胎分类

（1）充气轮胎：目前应用最广泛的轮胎即为充气轮胎，其组成及结构如图 4－1 所示。按轮胎内空气压力的大小，可分为高压胎、低压胎和超低压胎三种；按储存空气方法的不同，可分为有内胎轮胎和无内胎轮胎两种；按胎体帘布层帘线粘接方式，可分为普通斜交线轮胎、子午线轮胎。为了满足不同需要和适应不同工作条件，轮胎有多种多样的结构和花纹。按胎面花纹的不同分为普通花纹、组合花纹、越野花纹等三种，如图 4－2 所示。

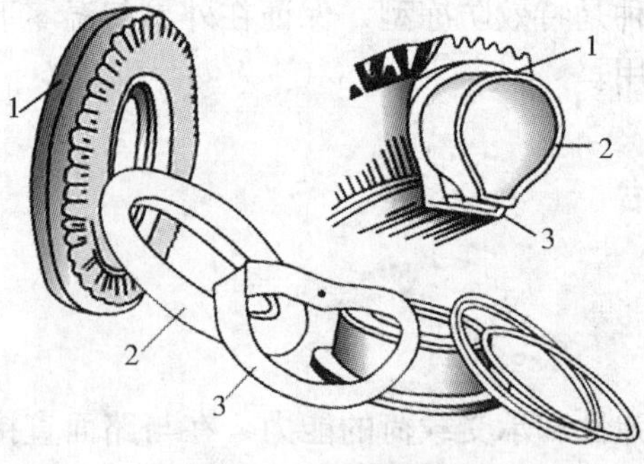

图 4－1　充气轮胎的组成

1—外胎；2—内胎；3—垫带

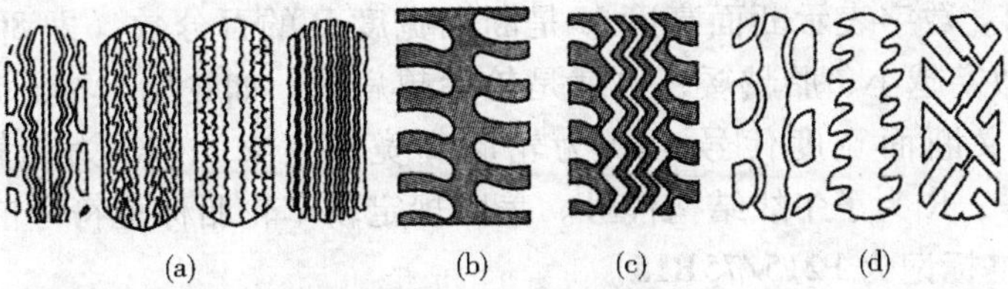

图4－2　胎面花纹

(a)、(b) —普通花纹；(c) —混合花纹；(d) —越野花纹

(2) 无内胎充气轮胎：它没有内胎和衬带，空气直接充入外胎中，主要由外胎、轮辋及两者之间的紧密嵌合来保证密封性。为了提高密封性，其外胎内壁上附加了一层厚2～3mm的橡胶层。无内胎轮胎遇刺穿孔时，压力不会急剧下降（小刺孔自行粘住），只有在轮胎爆裂时才会失效。因没有内外胎之间的摩擦，且通过轮辋直接散热，所以工作中温度较低，适宜高速行驶。如上海桑塔纳轿车上使用的就是无内胎轮胎。

3. 轮胎尺寸规格的标记方法及无内胎轮胎的规格

(1) 轮胎尺寸规格的标记方法

①普通斜交线轮胎：我国同大多数国家一样，高压胎用D×B表示，D表示轮胎直径，B表示轮胎断面宽度；低压轮胎用B－d表示，B为轮胎断面宽度，d为轮辋直径，单位为英寸。例如34×7，表示轮胎直径为34英寸、轮胎断面宽度为7英寸的高压轮胎；9.00－20，表示轮辋直径d为20英寸、轮胎断面宽度B为9英寸的低压轮胎。图4－3为轮胎各部尺寸标记。

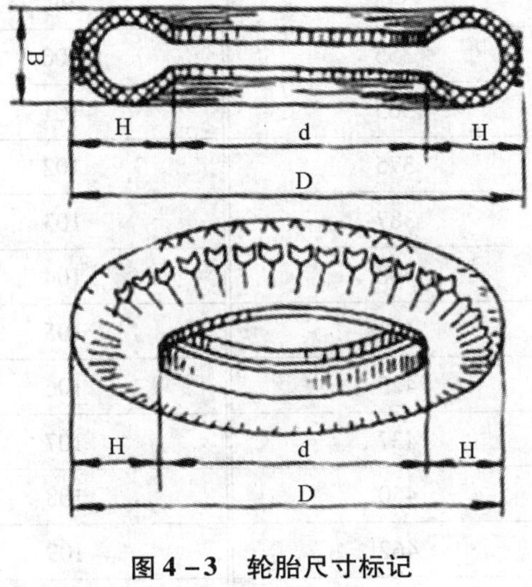

图4－3　轮胎尺寸标记

②子午线轮胎：子午线轮胎用BRd表示，d的含义与上述相同，R代表子午线轮胎，B表示子午线轮胎的断面宽度，但国产轿车上的子午线轮胎的B采用公制单位mm，载货汽车上的子午线轮胎的B，有英制和公制单位两种标示，使用时应注意与轮辋直径一致；而轮辋直径d的单位仍为英寸（in）。为了适应不同场合使用，轮胎的扁平化趋势越来越

大，所以轮胎也有用高宽比划分系列的。如目前国产轿车子午线轮胎有 80、75、70、65 和 60 等五个系列。数字表示断面高度 H 是断面宽度 B 的百分数（即 80%、75%、70%、65%与 60%），数字越小、胎越矮，也就是轮胎越扁平。如轮胎上标示 105/60 * R13，其中 105 为轮胎名义断面宽度代号；60 为轮胎高宽比（%）；13 为轮辋名义直径英寸；“ * ” 为速度符号；R 为子午线结构代号。美国规定轿车轮胎标记符号前加“P”，如切诺基轿车的轮胎规格标记为 P215/75R15。

（2）无内胎轮胎的规格

无内胎轮胎亦用 BRd 表示，如 8R22.5 的含义是，8 为轮胎名义断面宽度即为 8 英寸，R 为子午线结构代号，22.5 为无内胎轮辋名义直径值，单位为英寸。但有一些子午线无内胎轮胎，在标记符号后加注“TL”标志，如 7.00R16.5TL、205/70SR15TL 等（“TL”表示无内胎轮胎）。

子午线轮胎表示方法举例如下：

195/65R15 91V

195 表示轮胎的断面宽度 195mm；65 表示扁平率为 65% ；R 表示子午线轮胎；

15 表示轮辋直径 15 英寸；

91 表示荷重等级，即最大载荷质量。荷重等级为 91 的轮胎的最大载荷质量为 615kg。常见的荷重等级及对应的最大载荷质量见表 4－1。

V 表示速度等级，表示轮胎能行驶的最高车速。速度等级为 V 的轮胎的最高车速为 240km/h。常见的速度等级对应的最高车速见表 4－2。

表 4－1 荷重等级及对应的最大载荷质量

荷重等级	最大载荷质量/kg	荷重等级	最大载荷质量/kg
71	345	99	775
72	355	100	800
73	365	101	825
74	375	102	850
75	387	103	875
76	400	104	900
77	412	105	925
78	425	106	950
79	437	107	975
80	450	108	1 000
81	462	109	1 030
82	475	110	1 060
83	487	111	1 090
84	500	112	1 120

续表

荷重等级	最大载荷质量/kg	荷重等级	最大载荷质量/kg
85	515	113	1 150
86	530	114	1 180
87	545	115	1 215
88	560	116	1 250
89	580	117	1 285
90	600	118	1 320
91	615	119	1 360
92	630	120	1 400
93	650	121	1 450
94	670	122	1 500
95	690	123	1 550
96	710	124	1 600
97	730	125	1 650
98	750	126	1 700

表 4－2　速度等级及对应的最高车速

速度等级	最高车速/km · h^{-1}	速度等级	最高车速/km · h^{-1}
L	120	T	190
M	130	U	200
N	140	H	210
P	150	V	240
Q	160	Z	240 以上
R	170	W	270 以下
S	180	Y	300 以下

任务四　机动车配件质量检验

一、汽车配件的类型

汽车配件是指汽车零部件、汽车标准件和汽车运行材料等三类产品的统称。

1. 汽车零部件

汽车零部件一般有上千种，为便于区分，各车型汽车配件都编有目录，规定有统一的零部件编号。汽车零部件可以分为下面几类：

（1）零件：零件是组成汽车的基本单元，它是不可再拆卸的整体，如气缸套、活塞、活塞销、气门、气门弹簧、曲轴等。

（2）构件：由两个以上的零件刚性组装在一起，起着单一零件作用的组合体称为构件，如气门弹簧锁片、连杆、轴瓦、离合器从动盘等。

（3）组合件：由几个零件或构件组装而成，但不能单独完成某一机构作用的组合体称为组合件，如气门摇臂轴、离合器压板及盖、变速器盖等。组合件也称为部件。

（4）总成件：由若干零件、构件、组合件组装成一体，能单独起着机构作用的组合体称为总成件，如发电机、起动机、发动机总成、离合器总成、曲柄连杆机构等。

（5）车身覆盖件：由板材冲压、焊接成形，并覆盖汽车车身的零件称为车身覆盖件，如发动机盖、车门等。

2. 汽车标准件

按国家标准设计与制造，对同一种零件统一其形状、尺寸、公差、技术要求，在各种仪器、设备上都可以通用，并具有互换性的零件称为标准件。例如螺栓、螺母、螺钉、垫圈、键、销等。适用于汽车的标准件，称为汽车标准件。

3. 汽车材料

汽车材料是指汽车的运行材料，如燃料、润滑油、溶液、汽车轮胎、蓄电池、标准轴承（非专用）等。汽车材料是非汽车制造行业生产的产品，没有编入各车型汽车配件目录。在汽车配件中，特别是进口汽车配件，凡由汽车厂原厂生产的配件，被称为“纯正部品”。凡是国外原厂生产的纯正部品，包装盒上均印有英文“GENUINE PARTS”或中文“纯正部品”字样。

二、汽车配件质量的鉴别

我国汽车的车型多，配件品种规格繁杂，仅一种车型的配件品种就有上千种，掌握一些简单的检测方法，有利于识别配件的优劣。

1. 认真核对商标、包装和文件资料

（1）核对商标：认真查看商标上面的厂名、厂址、等级和防伪标记是否真实。核对零配件表面上的印记，主要是零件的编号、型号、出厂日期等，正规厂家一般采用自动打印，字母排列整齐，字迹清楚。

（2）检查包装：汽车零配件质量要求高，互换性很强，为了运输及储存管理，正规的生产厂家，对外包装盒的要求无酸性物质，不产生化学反应，有的采用硬型透明塑料抽真

空包装。箱、盒大都采用防伪标记，常用的有镭射、条码、暗印等。在采购配件时都应查看清楚。

（3）复核文件资料：首先要查看汽车配件的产品说明书、保修单、合格证是否齐全。交易量大时，还必须查询技术鉴定资料。进口配件还要查询海关进口报关资料和中文说明书。

2. 检查配件的表面处理工艺质量

鉴别汽车配件，一定要查看表面处理工艺质量，如电镀工艺、涂装工艺、电焊工艺、高频热处理工艺等的质量。具体查看如下：

（1）镀锌与电镀工艺：汽车配件的镀锌与电镀工艺要求表面均匀一致性好，而且批量之间一致性应没有差别，平滑无起皱，无裂纹和露底现象，装饰镀层应光亮滑润。

（2）涂装工艺：对汽车配件中采用涂装工艺的，检查时主要是看漆表面应细腻、有光泽、色质鲜明；无气泡、龟裂和明显的流痕。

（3）电焊工艺：在汽车配件中，有很多配件是电焊焊接而成，如减振器、钢圈、前后桥、大梁、车身等均采用电焊焊接工艺。检查时主要看产品焊缝是否整齐、厚度均匀，表面无波纹和裂纹及咬口、直线性好，点焊的焊点、焊点间距应大小均匀且分布规则。

（4）高频热处理工艺：汽车配件产品有最后经高频淬火处理的，因此淬火后在零配件表面上留有各种颜色。如汽车万向节内、外球笼经淬火后，表面呈黑色、青色、黄色和白色，其中白色面是受摩擦面，也是硬度最高的面。

（5）非使用面的表面完整情况：汽车配件非使用面应完整无伤痕，无毛刺或其他缺陷。

3. 检测配件质量及配合情况

（1）目测检查法：利用感觉器官判别零件质量。如眼看、手摸或借助简单工具进行检查。

①表面硬度的检视：用钢锯条的断茬在零件的非配合面上试划，划时打滑无划痕的，说明硬度高；划痕稍浅的，说明硬度较高；划痕明显的，说明硬度低。

②结合部位的检视：检验结合部位有无毛刺、压痕、破损及夹杂，联接是否牢靠。

③结构有无变形：检查时，对轴类零件沿平板滚动一圈，通过观察零件与平板贴合处有无漏光来判断是否弯曲。对于盘类零件放在平板上检测是否翘曲，如离合器从动盘钢片或摩擦片是否翘曲检测。选购油封时，带骨架的油封端面应呈正圆形，能与平板玻璃贴合无挠曲；无骨架油封外缘应端正，用手握使其变形，松手后应能恢复原状。

④总成部件检查：总成部件必须齐全完好，装配合理和各运动件运转正常。如转发电机轴应无卡滞或松旷等现象。

⑤转动部件是否灵活：在检验转动部件时，用手转动轴，应感到灵活无卡滞。检验滚动轴承时，一手支撑轴承内圈，一手打转外圈，外圈应能快速自如转动，逐渐停转，转动时间越长越好。

⑥装配记号是否清晰：为保证配合件的装配关系，其上都有记号，记号应完整清晰，

如正时齿轮上刻的记号。

⑦接合零件有无松动：由两个或两个以上的零件组合而成的配件，是通过压装、铆接、胶接或焊接的，它们之间不允许有松动现象。如油泵柱塞与调节臂是通过压装组合的；离合器从动盘毂与钢片是铆接的。

⑧配合零件表面质量的检查。若配合零件表面有磨损痕迹，或涂漆配件剥开表面涂装后发现旧漆，则多为旧件翻新。当表面磨损、烧蚀，橡胶材料变质时，在目测看不清的情况下，可借助放大镜观察。

（2）声音检测法：根据敲击零件非工作表面时所发出的声音判断零件质量。

①敲击法判定部分壳体和盘形零件是否有裂纹。如用锤子轻轻敲击并听其声音，能发出清脆的金属声音，说明零件状况良好；如果发出的声音沙哑，可以判定零件有裂纹、松动或结合不良。

②浸油锤击探测零件隐蔽裂纹。检查时，先将零件浸入煤油或柴油中片刻，取出后将表面擦干，撒上一层白粉（滑石粉或石灰），然后用锤子轻轻敲击零件的非工作面，通过振动会使浸入裂纹的油渍被振动波挤出，裂纹处的白粉会呈现黄色油迹，即是裂纹位置及走向。

（3）对比法：用标准零件与被检零件做比较，从中鉴别被检零件的技术状况。例如弹簧类零件，可以用被检弹簧与同型号的标准弹簧比较长短，即可判断被检弹簧是否符合要求。

（4）量具测量法：采用量具对零部件进行测量，检验是否符合技术要求。常用的通用量具有钢板尺、直角尺、塞尺、游标卡尺、千分尺、百分表等。主要的检测内容有实际尺寸、形位公差、配合间隙等，判断零部件是否合格。如检查气缸盖结合平面的翘曲，可采取平板或钢直尺作基准，放置在工作面上，然后用塞尺测量被测件与基准面之间的间隙。检查时应以纵向、横向、斜向等各方向测量，以确定变形量。

三、国产汽车配件的编号规则

1. 国产汽车零部件的编号规则

在我国，汽车零部件编号是按全国汽车标委会基础分委会于 2004 年 8 月 1 日颁布实施的《汽车零部件编号规则》统一编制。其方法如下：

（1）汽车零部件编号：汽车零部件编号由企业名称代号、组号、分组号、工件号、结构区分号、变更经历代号（修理件代号）组成，结构如下所示。

□□	□□	□□	□□	□□	□□
企业名称代号	组号	分组号	工件号	结构区分号	变更经历代号（修理件代号）

结构区分号位于工件号之后，表示该零件总成或总成装置的不同结构，而结构区分号位于组号之后，则表示该组或该分组的系统总成或装置的不同结构。上式中，企业名称代号由汉语拼音字母标注，组号、分组号、工件号由阿拉伯数字标注，结构区分号、变更经

历代号（修理件代号）用汉语拼音字母或阿拉伯数字标注。

（2）不属独立总成零部件编号：对于不属独立总成的连接件或操纵件，其编号的构成形式同汽车零部件编号基本相同，区别是结构区分号在组号之后，即企业名称代号、组号、结构区分号、分组号、工件号、变更经历代号（修理件代号）。

（3）属于独立总成的零部件编号：对于属于独立组总成的零部件，其编号的构成形式同汽车零部件编号基本相同，区别是结构区分号在分组号之后，即企业名称代号、组号、分组号、结构区分号、工件号、变更经历代号（修理件代号）。

（4）汽车零部件编号的有关说明：

①适用范围：适用于新设计定型的各类汽车和半挂车的零件、总成和总成装置图的编号规则。适用于各类汽车和半挂车的零件、总成和总成装置编号，但不包括专用半挂车的专用装置部分的零件、总成和总成装置图的编号。

②标准用术语的含义：

a. 组号：用 2 位数字表示汽车各功能系统内分系统的分类代号。

b. 分组号：用 4 位数字表示总成和总成装置的分类代号。头 2 位数字代表它所隶属的组号，后 2 位数字代表它在该组内的顺序号。

c. 工件号：用 3 位数字表示零件、总成和总成装置的代号。

d. 结构区分号：用 2 个字母或 2 位数字区别同一类零件、总成和总成装置图的不同结构、性能、尺寸参数的特征代号。

e. 变更经历代号：用一个字母和一位数字表示零件、总成和总成装置图更改过程的代号。当零件或总成变化较大，并且首次更改不影响互换的用 A1 表示，依次用 A2、A3…表示。当零件或总成首次更改影响互换时，则跳过字母 A 而用字母 B，若再次更改而不影响互换，则用 B1 表示。

f. 修理件代号：在标准尺寸的基础上加大或减少尺寸的修理件，并按其尺寸加大或减少顺序给予代号。用 2 个汉语拼音字母表示，前一个字母表示修理件尺寸组别，后一个字母为修理件代号，用“X”表示。当某一修理尺寸有 3 组尺寸时，其代号为“BX”“CX”“DX”。当该组修理件标准尺寸影响互换的更改时，应相应更改尺寸组别代号，其字母根据更改前所用的最后字母依次向后排列。如每一次影响互换的更改时，标准尺寸的更改经历代号为“E”，则相应修理代号为“FX”“GX”“HX”。

③汽车零部件编号中组号和分组号的编制：国产汽车产品零部件编号共有 58 个组号、638 个分组号。其分组情况如下：（各组内均有缺号，故起止号与各分组总数不尽相符）

组 10，发动机，共 22 个分组：1000 ~ 1022；

组 11，供给系，共 25 个分组：1100 ~ 1128；

组 12，排气系，共 7 个分组：1200 ~ 1207；

组 13，冷却系，共 14 个分组：1300 ~ 1313；

组 15，自动液力变速器，共 5 个分组：1500 ~ 1504；

组 16，离合器，共 6 个分组：1600 ~ 1607；

组 17，变速器，共 6 个分组：1700 ~ 1706；

组 18，分动器，共 5 个分组：1800 ~ 1804；

组 19，副变速器，共 3 个分组：1900～1902；
组 20，超速器，共 5 个分组：2000～2004；
组 21，汽车电驱动装置，共 6 个分组：2100～2105；
组 22，传动轴，共 11 个分组：2200～2241；
组 23，前桥，共 12 个分组：2300～2311；
组 24，后桥，共 11 个分组：2400～2410；
组 25，中桥，共 10 个分组：2500～2512；
组 27，支撑连接装置（牵引汽车用），共 17 个分组：2700～2731；
组 28，车架，共 11 个分组：2800～2810；
组 29，汽车悬架，共 21 个分组：2900～2960；
组 30，前轴，共 3 个分组：3000～3003；
组 31，车轮及轮毂，共 7 个分组：3100～3106；
组 32，承载轴，共 3 个分组：3200～3202；
组 33，后轴，共 3 个分组：3300～3303；
组 34，转向器，共 13 个分组：3400～3413；
组 35，制动系，共 34 个分组：3500～3550；
组 36，电子设备，1 个分组：3600；
组 37，电气设备，共 59 个分组：3700～3774；
组 38，仪器设备，共 24 个分组：3800～3871；
组 39，随车工具及附件，共 21 个分组：3900～3921；
组 42，特种设备，共 13 个分组：4200～4240；
组 45，绞盘，共 10 个分组：4500～4509；
组 50，车身（驾驶室），共 7 个分组：5000～5012；
组 51，车身（驾驶室）地板，共 8 个分组：5100～5112；
组 52，风窗，共 8 个分组：5200～5207；
组 53，前围，共 7 个分组：5300～5310；
组 54，侧围，共 9 个分组：5400～5410；
组 56，后围，共 11 个分组：5600～5612；
组 57，顶盖，共 7 个分组：5700～5710；
组 60，车篷及侧围，共 6 个分组：6000～6005；
组 61，前侧车门，共 11 个分组：6100～6110；
组 62，后侧车门，共 11 个分组：6200～6210；
组 63，后车门，共 12 个分组：6300～6311；
组 64，驾驶员车门，共 9 个分组：6400～6408；
组 66，安全门，共 7 个分组：6600～6608；
组 68，驾驶员座，共 7 个分组：6800～6807；
组 69，前座，共 9 个分组：6900～6908；
组 70，后座，共 8 个分组：7000～7007；

组71，乘客单人座，共8个分组：7100~7107；
组72，乘客双人座，共8个分组：7200~7207；
组73，乘客三人座，共8个分组：7300~7307；
组74，乘客三人座，共8个分组：7400~7407；
组75，折合座，共8个分组：7500~7507；
组78，隔板墙，共6个分组：7800~7805；
组79，无线电通信设备，共10个分组：7900~7910；
组81，空气调节设备，共13个分组：8100~8112；
组82，附件，共12个分组：8200~8219；
组84，车前钣金零件，共6个分组：8400~8405；
组85，货厢，共12个分组：8500~8515；
组86，货厢倾卸机构，共15个分组：8600~8616。

2. 国产汽车标准件的编号规则

国产汽车标准件编号组成如下：（QC/T 326—2013）

□	□□□	□	□□□	□	□	□	·	□
第一部分	第二部分	第三部分	第四部分	第五部分	第六部分	第七部分	分隔点	第八部分

（1）第一部分：代表汽车标准件代号，用“汽”字的汉语拼音第一个字母“Q”表示。

（2）第二部分：代表品种代号，由大类代号和大类内序号组成，其中大类代号以一位数字表示，用1~9分别表示，1代表螺柱、螺栓；2代表螺钉；3代表螺母、螺母座；4代表垫圈、挡圈、铆钉；5代表销、键；6代表螺塞、扩口式管接件、卡箍、夹片；7代表润滑脂嘴、密封件、连接叉、球头接头；8代表卡套式管接件；9代表其他。大类内序号以两位数字表示，在01~99范围内顺序编号。在编号容量许可的条件下，以第二位偶数（含“0”）表示粗牙产品，奇数表示细牙产品。

（3）第三部分：代表变更代号，以一个汉语拼音字母表示，按B、C、D…顺序使用（不用字母I、O、Q、Z）。

（4）第四部分：代表尺寸规格代号，以产品型号及其特征参数而定，用数字表示，其位数2~3位或3~6位不等。

（5）第五部分：表示凡产品标准中规定制成全螺纹的，应标注全螺纹代号“Q”。

（6）第六部分：代表非基本机械性能、材料代号，产品标准中已规定基本的力学性能、材料，不标注代号。产品标准还规定了可选用的其他力学性能、材料，当选用这些要求时，应标注相应代号。

（7）第七部分：代表非基本表面处理代号，用法同上条。

（8）第八部分：代表总成件专用隶属件代号，仅用于该总成的零件，其代号以自1起的顺序数字表示，并以圆点与前部分隔。

任务五　机动车配件质量控制知识

一、汽车配件的选购

汽车维修中使用的汽车配件的质量好坏、选择正确与否直接影响汽车维修的进度和维修质量，而且影响该车修后的使用寿命以及行车安全。因此，在选购汽车配件时应注意以下几点：

1. 选购汽车配件的准备工作

（1）编制购买汽车配件的计划：根据产品使用说明书及零件图册（或目录）等技术文件，编制购买汽车配件的计划，应包括以下内容：

①配件名称、代号、单台数量。

②技术要求，例如材料、尺寸、形位公差、机械强度、表面粗糙度以及连接方式等。

③产地及质量等级等。

（2）选择交通便利、质量信誉好、服务项目齐全的厂家或经销部门。

（3）准备检验用具，根据所购买汽车配件的特点，结合修理厂条件，尽可能地准备一些简单易携带的检验用具。

2. 选购汽车配件时的注意事项

（1）首先验看配件制造厂家印制的产品铭牌及质量卡，看清产地、出厂日期、质量等级（优等品、一等品、合格品或次品）以及检验印章等是否齐全一致。

（2）应向供方索要欲购件的技术资料查看技术要求，利用供方条件检验汽车配件的质量状况。

（3）利用自带的检查用具和准备的检查方法及资料对配件进行检验。

（4）选购汽车配件时的检查内容及检查方法有伤非工作部位的须征得供方同意后方可进行。

（5）在检查及试验中不能对配件造成损坏现象，比如变形、开裂以及磕碰划伤等。对检查试验后确定不购买的配件，应完整、完好地交还供方。

3. 汽车配件的选购

（1）核查配件型号：所购买的配件是否与要安装的机型和车型相符，生产的批号是否一样，同时还要检查零配件的型号、规格和图号等是否符合要求。也可根据车型配件目录中的配件编号选购配件。

（2）鉴别配件的质量：在选购汽车配件时，质量鉴别是很重要的一个环节，按前文中所述基本方法对欲购汽车配件进行全面的质量鉴别。

（3）包装与运输：在选购汽车配件时，一定要考虑到所购配件的包装与运输问题，保证配件安全完好到达修理厂。对于精度高、体积大的配件，如机体、气缸盖、凸轮轴、曲轴、活塞等，包装更要牢固可靠；搬动时应稳拿轻放，并注意放置方向。

二、汽车配件的储存、保管与维护

汽车配件的储存、保管与维护是汽车应用的一个很重要环节。合格的汽车配件由于储存、保管与维护不当，会使配件变形或锈蚀，给消费者造成损失或危及行车安全。汽车配件有成千上万种，使用的材料种类很多，有黑色金属、有色金属、非金属材料（橡胶、工程塑料、玻璃、石棉制品、软木）等。汽车配件的外形、大小也极其复杂，大的如变速器总成，不仅体型大，重量重，而且配合精度不一。精密偶件配合精度高，不能随便拆换，如柴油机的喷油泵柱塞偶件等；有的如橡胶制品中的火补胶（补胎胶）其保存期则极短（仅6个月），而且保管的环境温度不超过25～30℃，否则就容易产生自硫老化变质；有的如玻璃制品中的灯泡等，则属易碎品。因此，汽车配件的储存、保管与维护也是一门科学。

1. 汽车配件的储存与保管

为了防止配件在储存与保管中发生变形、变质、失准、破碎等损失，应根据汽车配件不同的材料、结构形态和重量以及技术性能等方面的要求，做到科学地储存与保管是非常重要的。

（1）汽车配件应储存在仓库或有遮盖的干燥场地内，周围应无有害气体侵蚀和影响，通风良好，严禁与化学药品、酸碱物品一同存放。仓库的相对湿度应不超过75%，温度在20～30℃范围内。

（2）根据不同配件的性能、数量、包装、体积形态和耐压情况，合理安排存放位置与堆垛。对无特殊性能要求而体形方整的配件，一般可采用重叠式或塔式堆垛，易变形和怕压或包装物强度较差的配件，则应考虑堆垛高度、数量，严禁重压。

（3）汽车配件入库的验收。配件入库验收的主要内容，除品名、规格、单位、数量应核对无误外，还应该注意有无破损、缺陷、生锈以及包装不良等情况；而且应对包装物（木箱、纸盒、袋、纸）及油封防护情况等进行必要的抽查，保证入库配件包装物干燥、无酸碱和防护油脂及内包装的完好无损。

（4）配件的堆垛之间以及与墙之间必须留有一定距离，距墙一般为0.1～0.3m，垛距为0.5～1m，保证通风良好和配件收发中的安全通畅。

（5）配件中易吸潮生锈的，除应保持仓库内地面干燥外，还应在配件堆垛的底层设置离地至少有15cm空隙的架空垫板，使空气流通。必要时应在地面敷置少量生石灰或在适当位置放置氯化钙、氯化锂等吸潮剂。注意定期更换吸潮剂和防霉剂。

（6）细长轴类零件应垂直悬挂或水平放置于货架垫板上，切忌将轴的两端垫起中间架空或斜靠货架、墙壁放置。

（7）橡胶制品忌露天存放，应避免阳光照射。储存环境不得潮湿、闷热并远离火源，不得与酸、碱、油漆类及有机溶剂同室存放。防止橡胶制品弯曲、扭折、挤压，如轮胎外胎应竖立存放，并定期改变支承点，禁止穿心悬挂和重叠平放。内胎应定期取出更换折叠位置以防造成死皱。

(8) 电气配件、橡胶制品配件、玻璃制品配件等，应设立专仓储存保管，确保配件的安全。

(9) 壳体及薄板类配件，如气缸体、气缸盖等，要防止锈蚀，避免受到剧烈撞击，保证配合面不被损坏或造成裂纹。薄壁零件如油底壳、后桥壳、飞轮壳和配气室罩壳等，一般应水平放置，不要斜靠在墙壁或在其上堆放其他物件，以防变形。

(10) 电气零配件在存放中应做到防霉、防砸、防尘、防潮和防锈等五防工作。

(11) 蓄电池的储存与保管，主要是防止重叠过多和碰撞，注意加注电解液塞的密封，防止潮湿空气侵入，避免阳光直射，严禁靠近碱性物质及火源。蓄电池极板应储存在干燥的环境中，储存期一般不超过6个月。

(12) 摩擦材料如制动片、离合器片等，存放时应防水、防潮、防变形和防软化。盘式摩擦片可以重叠平放，上压平整重物，以防翘曲变形。

(13) 各类衬垫的存放，如纸垫、气缸垫和软木垫等应平放，严禁折叠。成套的衬垫最好装在盒、袋里成套存放，便于查找。

(14) 对于软木纸、毛毡油封及三绒或呢制门窗嵌条一类储存期超过半年以上的配件，注意保持储存场地干燥，并在毛毡油封或呢绒槽的包装箱内放置樟脑丸，防止霉变及虫蛀。

(15) 涂有防锈油或蜡层的金属配件，要避光放置，且环境温度适宜。防锈层损坏时应重新进行防锈处理。

(16) 对于发动机总成的储存，储存超过半年时，则必须维护。方法是将火花塞（汽油机）或喷油器（柴油机）自气缸盖上拆下，从螺孔中注入车用润滑油少许，以保持气缸中摩擦副零件有良好的润滑油膜，防止生锈。若储存期超过1年，除做上述维护外，还要用蓄电池起动发动机运转数秒钟，然后装上火花塞或喷油器。

2. 汽车配件的维护

汽车配件的维护工作，是汽车配件的整个储存过程中非常重要的环节。维护工作不仅可以及时挽回损失，而且能反映储存与保管工作水平的高低。目前，我国对汽车配件的经营管理水平比较低，现代化、自动化程度不高，仓储条件不科学，存在储存与保管中发生霉坏变质、生锈和破损而造成损失和浪费的现象，因此，对储存的汽车配件应进行定期的质量检查和定期维护。

(1) 汽车配件损伤的类型及维护方法：绝大多数汽车配件是金属制品，储存质量问题主要为生锈和磕碰伤，少数为破损和变形；橡胶制品则表现为老化和变形（失圆、翘曲）；玻璃制品表现为破损；毡呢制品表现为发霉虫蛀；电气配件表现为技术性能失准或失效等。常见损伤的维护方法如下：

①生锈和磕碰伤。常见于各种连接销、齿轮及轴类配件，都是磨光抛光配合工作面发现生锈、磕碰伤，如活塞销、气门挺杆、推杆、曲轴、凸轮轴等。对于轻微的可以用机械抛光或用金相砂纸轻轻打磨的办法去除，然后重新涂油防护；对于严重影响其使用质量

的，采用修理尺寸法修理，但对已经是标准尺寸或已是最小修理尺寸的则应报废。如变速齿轮及有花键的轴，当啮合工作表面锈蚀严重，除锈后造成配合间隙超差，所以报废。

②配件的非加工面残留的氧化皮或热处理残渣，使原涂装层或蜡封起皮，进而引起生锈及大块剥蚀现象，应彻底清除和清洗干净损伤部位，重新涂装或油封。当外观质量及使用性能不能满足使用要求时应予以报废。

③电器仪表配件的损伤，主要是由于振动、受潮，易发生绝缘介质遭到破坏、触点氧化、气隙变动、接触电阻增大等现象，使工作性能变化或不工作。轻者经烘干、擦洗（接触件）、调整校验，使工作性能符合标准。无法恢复工作性能的则报废。

④蓄电池和蓄电池极板的损伤，主要是由于包装不善或未防潮，造成极板的氧化发黄，严重的造成极板的硫酸铅化，使其电化学性能明显下降，因此，储存中必须注意防潮和防氧化酸蚀。

⑤灰铸铁或球墨铸铁制成的配件的损伤，常见于制动鼓、气缸体、气缸盖、气缸套筒、主减速器壳等配件，主要是在搬运中磕碰而造成破裂，对于非工作面破裂可焊修或粘补，但对工作面的损伤影响使用性能的则报废。

⑥玻璃制品的破损、橡胶配件的自硫老化、石棉制品的裂口缺损，只能报废。

（2）汽车配件防锈材料的选择和应用：汽车配件在储存与保管中受空气、阳光、温度和各种气体的影响而产生物理和化学的变化，造成汽车配件损伤，必须有完善的包装和防锈保护。

①防锈工艺类型。根据配件的具体要求，选择适宜的防锈材料和工艺。常见的防锈材料和工艺可分为：

a. 涂防锈油：对于制造精度、工作质量要求较高，结构复杂或工作表面粗糙度要求在 Ra≤1.6um，以及易清洗的配件，可采用涂防锈油的方法，如气缸盖、气缸体、连杆、活塞销、十字轴万向节、主销等。

b. 涂防锈脂：当零件结构比较简单，体型较大或较重的配件，可采用涂防锈脂的方法，如曲轴、凸轮轴。

c. 采用便于剥离性塑料胶囊：对于精密偶件，如喷油泵柱塞偶件、喷油器的出油阀偶件等采用塑料胶囊包装。

d. 涂防锈漆：对于外观要求光洁和美观的配件，如钢板弹簧、减振器等，采用涂防锈漆的方法。

e. 用镀锌、镀锡和阳极氧化处理工艺：适用于电气零件、活塞、水泵轴、轮胎螺栓等的防锈处理。

②包装材料：一般要求是对金属无腐蚀作用，透水性和透气性小，具有一定的隔离作用。因此，汽车配件的包装材料主要用下列几种：

a. 纸类包装材料：一是羊皮纸，分 1#和 2#两种。1#用于精密零件包装，一般零件的内包装用2#；二是仿羊皮纸，纸质稍坚韧，用于电气配件及零件的内包装；三是中性石蜡纸，防潮性好，一般配件内包装用；四是横纹牛皮石蜡纸，用于一般钢铁配件的包装；五是牛皮纸，强度高，适用于涂防锈油脂后的金属配件内包装用。

b. 塑料薄膜及复合塑料薄膜类包装材料：一是塑料薄膜，透明、韧性好、可热焊、耐油、耐酸，且能防水、防潮，适用内包装用；二是塑料复合纸，由塑料薄膜与防锈纸复合压制的包装材料，既能防锈又能防潮；三是铝型薄膜，由塑料薄膜与铝箔复合而成。铝箔的防水、防潮、不透气性较塑料薄膜更好，且能防紫外线，适用于精密零件、仪表等包装。

（3）汽车配件储存或包装中常用的干燥剂：在精密的汽车电器、电子、仪表配件包装中，常放置干燥剂来吸收潮气，增强防潮、防锈效果。最常使用的硅胶（或称防潮砂）为一种坚硬多孔玻璃状不规则的球形颗粒，分细孔型和粗孔型，有原色和变色两种。原色为乳白色或半透明，粒度一般为2.8～7mm。变色硅胶在干燥状态时呈宝蓝色（相对湿度≤20%），粒度为1.5～4mm；当相对湿度为33%时，呈罗蓝色或灰色；相对湿度为50%时，呈淡红色或红色。其变色能提醒管理者注意环境湿度，常用纸袋或布袋包装并置于汽车配件内包装内。

三、汽车配件采购的原则和方式

1. 汽车配件采购的原则

（1）统一考虑原则：根据市场的需求，坚持数量、质量、规格、型号、价格统一考虑的购进原则。

（2）合理定价原则：按市场规律，坚持依质论价、优质优价的定价原则。

（3）质量第一原则：对所定配件必须进行质量的检查，确保采购的配件都是合格的，即把质量放在首位。

（4）资料完整原则：对产品合格证、商标、生产许可证、产品技术标准和使用说明书进行核查，确保是正规厂家生产的。核查外包装必须有厂名、厂址、产品名称、规格型号、数量、出厂日期等标志。

（5）遵守合同原则：坚持诚实守信，履行合同，维护双方利益。

2. 汽车配件采购的方式

（1）集中采购：同一企业设置专门机构、人员统一采购，然后分配给各销售部门销售。集中采购节约人力、物力，还可以根据批量降低进货价格及其他进货费用（如运输费）。

（2）分散采购：由企业内部的配件经营部门自行采购，采购成本高，经济效益低，优点是能为用户及时供货。

（3）集中与分散采购相结合：一般是外埠采购以及非固定采购关系的采取一次性进货，先由各销售部门提出采购计划，经业务部门汇总审核后集中采购，能降低进货成本；本地采购以及固定采购关系的则采取分散进货。

（4）联购合销：配件零售企业联合派员，统一向生产企业或批发企业进货，然后由这些零售企业分销。这种方式适合中小型零售企业之间联合组织进货。其优点是相互协作，互惠互利，节省人力、物力，便于组织运输，降低进货费用。

3. 汽车配件采购的程序

汽车配件采购程序包括市场调研制定采购计划、选择供货方式、订立采购合同、商品验收入库等环节。

（1）市场调研制定采购计划

根据市场的需求，合理制订采购计划，不仅能加快资金周转、减少库存积压，而且能提高经济效益。采购计划的制订应考虑以下几点。

①根据前期销售的情况进行市场调研，拟出本期应该进货的品种、名称、型号、规格和数量。

②参照库存量，库存多的可少进。如果资金充裕，销路好的产品也可适当多进。避免积压，防止滞销。

（2）选择供货商和供货方式

经市场调查、比较、分析，选择价格合适、质量可靠、供货及时、售后服务好的供货商及其产品。

①选择供货商：选择供货商主要从价格和费用、产品质量、交货情况、服务水平等4个方面来评价。价格和费用高低是选择供货商的一个重要标准，择优选购。同时还要考虑运输费用因素；产品质量是企业生存的根本，价格和费用虽低，配件质量较次，影响修车质量，反而给用户和企业信誉带来损失，因此，要选购名牌产品或配件质量符合规定要求的产品；交付的标准，供货商是否按合同要求的交货期限和交货条件履行合同，一般用合同兑现率来表示，交货及时，信誉好，合同兑现率高的供货商，应当优先选择；服务的标准，要考虑供货商可能提供的服务，如服务态度、方便用户措施和服务项目等。另外，在选择供货商时，尽可能就近选择。

②选择供货方式：对于市场需求量大、产品定型、任务稳定的主要配件，应当选择定点供应直达供货的方式；对需求量大，但任务不稳定和一次性需要的配件应当采用与生产厂签订合同直达供货的方式，以减少中转环节，加速资金周转；对需求量少，在订货限额或发货限额以下的配件，宜采取由配件供销企业的门市部直接供货的方式，以减少库存积压；对需求量少，但又属于附近厂家生产的配件，也可由产需双方建立供需关系，由生产厂家按协议供货。

（3）选择采购形式

① 现货与期货相结合：现货购销灵活性大，能适应市场的变化情况，有利于加速资金周转，但进货价高。对需求量较大，有销售规律的配件，宜采用期货形式，签订期货合同，降低进货费用。

② 一家采购与多家采购相结合：一家采购指对某种配件的购买集中于一个供应商，能保证配件质量稳定、费用低。多家采购是将同一订购配件分别从两个以上的供应商订购，有较大的选择余地。

③ 向生产厂直接购买与向供销企业购买相结合：这是对同一种配件既有生产厂自产自销又有供销企业经营的情况下所做的选择。向生产厂购买时价格较为便宜，费用较省，产需直接见面可满足特殊要求。供销企业因网点分布广，有利于就近及时供应，机动性

强，尤其是外地区进货和零星用配件到门市部购买更为合适。

(4) 签订采购合同

采购合同是供需双方的法律依据，必须按《合同法》规定的要求拟定，合同的内容要简明，文字要清晰，字意要确切。配件品种、型号、规格、单价、数量、交货时间、交货地点、交货方式、质量要求、验收条件、双方职责、权利与义务都要明确规定。签订进口配件合同时，特别是配件的型号、规格、生产年代、零件编码等不能有一字之差。近几年生产的进口车，可利用标识码（17 位码）来寻找配件号。此外，在价格上也要标明何种价，如离岸价、到岸价等。

四、进货渠道与货源鉴别

1. 进货渠道

汽车配件经营企业应从正规汽车配件厂进货，选择生产厂家的原则如下。

(1) 优先选择主机配套厂：这些厂知名度高，产品质量优，大多是名牌产品，是进货的主渠道。合同签订形式可采取先订全年需要量的意向协议，以便于厂家安排生产，具体按每季度、每月签订供需合同。

(2) 选择主机许可生产厂：其配件质量有保证，配件价格也比较适中。一般签订较短期的供需合同。

(3) 选择一般生产厂：配件质量符合要求，价格较前两类厂家低。这类厂的配件可作为进货中的补充。适用一时急用，可以采取电话、电报订货的办法，应签订短期供需合同。

2. 货源鉴别

为保证汽车配件质量，维护消费者的利益和销售企业的商业信誉，提高行车安全。企业可以根据实际情况，添置必备的技术资料，如所经营主要车型的图样或汽车配件目录、各类汽车技术标准等，这些资料都是检验工作的依据。购置一些通用量具及仪表，如游标卡尺、千分尺、百分表、量块、平板、表面粗糙度比较块、硬度计及万用表等，提高自检测能力。为了提高工作效率，择优进货，可以把产品分成以下几种检验类型。

(1) 基本免检：名牌和质量信得过产品基本免检，并定期进行抽检。

(2) 关键项目抽检：使用中发现存在某些质量问题的产品，采用抽检关键项目的方法，以检查其质量稳定性。

(3) 按标准抽检：对以前未经营过的厂家配件，采用按标准规定的抽检数，在技术项目上尽可能做到全检，全面核查质量，为今后进货提供依据。

(4) 全面检查：凡用户批量退货或少量、个别换货的产品和新选择的进货厂家，应采取技术项目全面检查。

五、汽车配件的验收

在确定了进货渠道及货源，并签订了进货合同之后，汽车配件采购员必须按以下要求验货。

1. 对配件品种的检验

按合同规定的要求，对配件的名称、规格、型号等认真查验。如果发现产品品种不符合合同规定的要求，应妥善保管，在合同规定的时间内向供方要求换货或重新发货。

2. 对配件数量的检验

对照进货合同或提货单，先点收大件，再检查包装及其标识是否相符。整箱配件，一般先点件数，后抽查细数；零星散装配件需点细数；贵重配件应逐一点数；对原包装配件有异议的，应开箱开包点验细数。验收时，应注意查验配件分批交货数量和配件的总货量。无论是自提货还是供方送货，均应在交货时当面点清。供方代办托运的应按托运单上所列数量点清。

3. 对配件质量的检验

（1）按国家规定的质量标准验收；采用双方协商标准的，按照封存的样品或样品详细记录下来的标准验收。接收方对配件的质量提出异议的应在规定的期限内提出，否则视为验收无误。当双方在检验或试验中对质量发生争议时，按照《中华人民共和国标准化管理条例》规定，由质量监督机构执行仲裁检验。

（2）发现不合格品、数量短少或损坏等，应立即联系相关人员解决。如果货到后发现与合同内容不符，验收人员应分析原因，判明责任，做好记录。一般问题填写“运输损益单”、“汽车配件销售查询单”查询，问题严重或牵涉数量较多、金额较大时，可要求对方派人来处理。

（3）汽车配件从产地到销地，要经过发货单位、收货单位（或中转单位）和承运单位三方共同协作来完成，必须划清三方的责任范围，责任划分的一般原则如下：

①汽车配件在铁路、公路交通运输部门承运前发生的损失和由于发货单位工作差错、处理不当发生的损失，由发货单位负责。

②从接收中转汽车配件起，到交付铁路、公路交通运输部门运转时止，所发生的损失和由于中转单位工作处理不善造成的损失，由中转单位负责。

③ 汽车配件到达收货地，并与铁路、公路交通运输部门办好交接手续后，发生的损失和由于收货单位工作的问题发生的损失，由收货单位负责。

④ 自承运汽车配件起（承运前保管的车站、港口从接收汽车配件时起）至汽车配件交付收货单位或依照规定移交其他单位时止发生的损失，由承运单位负责，但由于自然灾害、汽车配件本身性质和发、收、中转单位的责任造成的损失，承运单位不负责任。

任务六　轴类配件的质量鉴别与选购

车辆在维修过程中，因配件质量引起的维修质量问题而返工的情况比较多，因此，作为专业的汽车维修中心（或厂），掌握各种配件的检验、检修的方法是非常重要的。在装配前对各种配件进行的检查、清洗，确保装配的配件是合格的，不仅能够减少维修质量问题，而且可以提高工作效率和经济效益。下面将介绍一些主要零件的检验方法。

一、曲轴的质量鉴别与选购

曲轴结构复杂，如图 4－4 所示，选购时应特别细致，曲轴的质量鉴别与选购方法如下：

图 4－4　曲轴结构

1. 检查外观质量

按图 4－4 检查曲轴各表面及曲拐，不允许有裂纹、孔眼、起鳞和黑点等缺陷。油孔口应倒角和抛光。

2. 检查油道

用细铁丝检查主轴颈和连杆轴颈连接的润滑油道是否畅通，不允许有杂质、铁屑等。

3. 曲轴材质鉴别

不同发动机使用不同材质的曲轴，在选购时鉴别其材质的方法有两种。一是用锤子轻敲曲轴的曲柄，若其发出的声音清晰悦耳且回音较长，则为钢质曲轴；如果声音沉闷短促，则是球墨铸铁曲轴。二是用钻床或扁铲取下微量金属屑，金属屑如果呈卷曲状，则为钢质曲轴；金属屑如果呈粒状，则是球墨铸铁曲轴。

4. 测量直径

测量主轴颈、连杆轴颈、带盘轴颈、正时齿轮轴颈、法兰盘内孔、后油封轴颈等直径，应符合规定。

5. 测量形状精度

测量主轴颈、连杆轴颈的圆度及圆柱度，应符合规定。曲轴轴颈检测如图 4 – 5 所示。

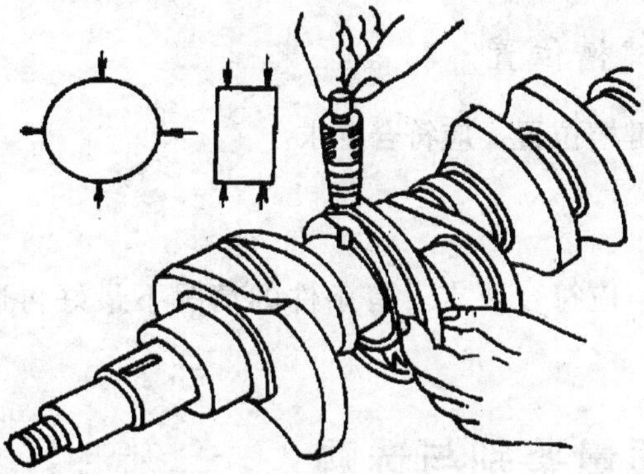

图 4 – 5　曲轴轴颈检测

6. 检查表面粗糙度

检查主轴颈、连杆轴颈表面粗糙度应为 Ra = 0. 2μm；检查后油封轴颈表面粗糙度应为 Ra = 0. 4μm；检查主轴颈圆角、连杆轴颈圆角、连杆轴颈端面、轴向定位轴颈端面等的表面粗糙度应为 Ra = 0. 4μm。

7. 检查连杆轴颈轴线对主轴颈轴线的平行度

连杆轴颈轴线对主轴颈轴线的平行度应不大于 0. 015mm；正时齿轮轴颈对曲轴轴线的径向圆跳动应不大于 0. 025mm；轴向定位轴颈端面对轴线的圆跳动应不大于 0. 05mm；法兰盘端面对轴线圆跳动应不大于 0. 06mm；中间主轴颈对轴线圆跳动应不大于 0. 05mm；后油封轴颈对轴线圆跳动应不大于 0. 05mm；法兰盘直径对轴线圆跳动应不大于 0. 035mm；法兰盘内孔对轴线圆跳动应不大于 0. 06mm。如图 4 – 6 所示为检查曲轴弯曲变形示意图。

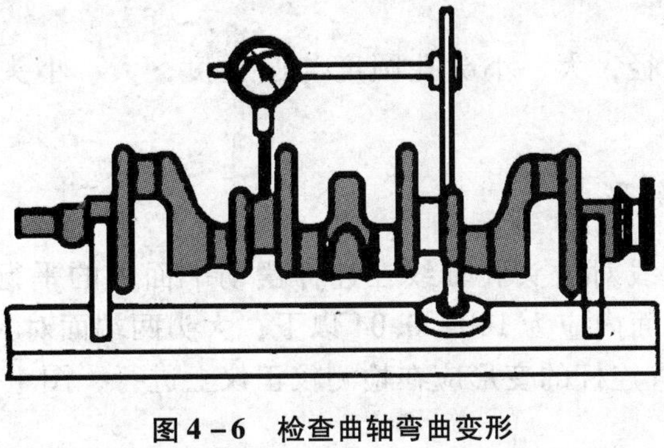

图 4 – 6　检查曲轴弯曲变形

8. 检查曲柄质量

测量曲柄半径、曲柄夹角、轴向定位主轴颈宽度、正时齿轮键槽宽度、主轴颈和连杆轴颈圆角半径等，应符合技术要求。

9. 检查正时齿轮键槽位置

检查曲轴上正时齿轮键槽位置，应符合要求。

10. 平衡检查

进行曲轴静平衡试验，应符合要求。有条件的情况下最好再进行动平衡试验和磁力探伤。

二、连杆总成质量鉴别与选购

在选购连杆总成时的质量鉴别方法如下：

1. 检查外观质量

连杆表面不得有裂纹、夹层、气孔、夹渣、折叠、氧化皮、腐蚀等缺陷，连杆上残留的锻造时的分模飞边高度不大于0.8mm，允许有数量不多于2个、直径不大于5mm、深度不大于0.5mm的凹坑或修整缺陷痕迹，但位置不得在同一横截面上，经修整的痕迹应圆滑过渡。连杆不得有金属没有充满锻模而产生的缺陷。

2. 检查连杆侧面的安装方向标记

连杆大头和连杆盖上的安装位置记号。有的连杆大头上加工有用于润滑凸轮轴凸轮表面的喷孔，应检查喷孔是否畅通。有的连杆小头上部加工有一喷油孔，将润滑油喷向活塞底部，选购时亦应注意。检查连杆杆身润滑油道应通畅无杂物。

3. 检查尺寸精度

连杆大、小头孔直径，大、小头孔圆度与圆柱度，大、小头孔中心距等，应符合规定。

4. 检查连杆的变形

检查小头孔直径轴线对大头孔轴线在连杆摆动平面内的平行度应为100：0.06以下；在垂直连杆摆动平面内应为100：0.04以下；大头两端面对大头孔轴线的垂直度应为100：0.1以下。检查连杆的变形应在检测校正仪上进行，图4－7所示为连杆检测校正仪。

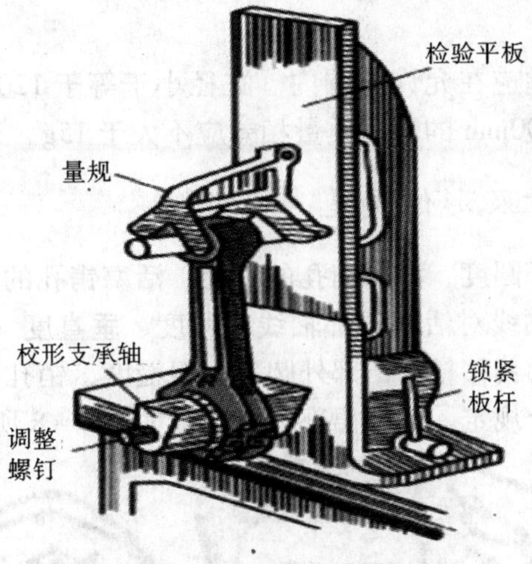

图 4－7　连杆检测校正仪

5. 检查连杆质量

大小头质量（包括紧固件）为同一重量分组的连杆，其连杆重量差及大小头重量分配应在同一分组内。

6. 检查连杆表面粗糙度

大、小头孔表面粗糙度均为 Ra＝0. 63μm。

7. 检查连杆硬度

检查连杆及连杆盖表面硬度，必要时应做磁力探伤。

三、活塞质量鉴别与选购

活塞选购的质量鉴别方法如下：

1. 检查外观质量

活塞表面应光洁，不允许有裂纹和毛刺，顶面和环槽上、下表面不允许有肉眼可见的疏松、孔眼（允许借助于 10 倍放大镜进行检查）；活塞销孔表面不允许有孔眼；其余允许孔眼可按 QC/T 552—1999 标准核查。

2. 检查活塞硬度

活塞硬度应符合规定。同一发动机硬度误差应不大于 30HB，同一个活塞硬度差不大于 15HB。

3. 检查质量差

同一分组活塞质量偏差应在允许范围内。缸径小于等于 120mm 的活塞质量相差应不大于 8g；缸径大于 120～200mm 的活塞质量相差应不大于 15g。

4. 检查活塞的尺寸及形位误差

主要有裙部直径、裙部圆度、活塞销孔的直径、活塞销孔的同轴度、环槽宽度、活塞裙部壁厚差、活塞销孔的轴线对活塞裙部轴线对称度、垂直度（100：0.035）、裙部椭圆长轴与活塞销孔轴线垂直的偏移量、裙部外圆表面粗糙度、销孔内圆表面粗糙度、环槽上下两平面粗糙度等均应符合规定。活塞裙部圆度测量如图 4－8 所示。

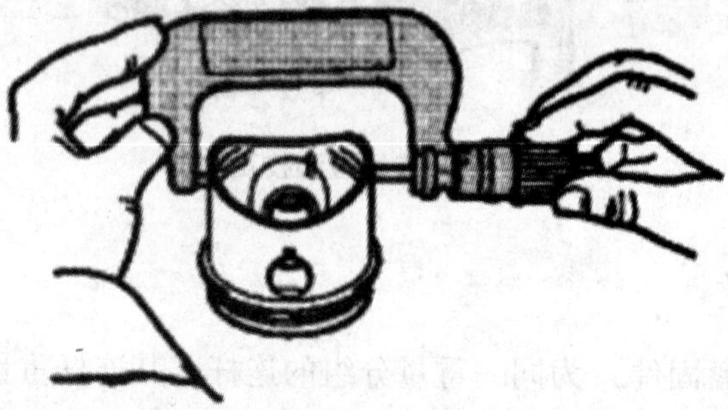

图 4－8　活塞裙部圆度测量

5. 活塞维修配件的尺寸

活塞维修配件的加大尺寸有 0.25mm、0.50mm、0.75mm、1.00mm、1.50mm 等多级，以适应大修镗缸的需要，在活塞上均有标记，选购时应根据需要选择加大尺寸的活塞。

6. 活塞销孔偏置的标记

活塞销孔偏置的活塞目前应用较广泛，这种活塞安装时要求有一定的方向，为了避免装反，活塞在生产时均做出安装标记，应注意鉴别。常见的标记有以下几种：

（1）在活塞顶面打有“箭头”，安装时“箭头”应朝向发动机的前端。

（2）在活塞顶面边缘做出一个小缺口。装配时活塞顶面小缺口应与连杆体、连杆盖上的小凸点标记朝向发动机前方。这种标记在进口的日本机型中采用的较多，如五十铃 J 系列柴油机和丰田 K 系列汽油机等都采用这种标记。

（3）有些车型在活塞销座的侧面上铸出“向前”或“向后”字样。

（4）有些车型在活塞顶面做出“△”三角形标记。

7. 其他检查

（1）检查活塞顶部形状与机型是否相符。

（2）检查活塞裙部是否加工“一”“T”“Ⅱ”形隔热槽与膨胀槽。槽端头均应加工成圆形以防应力集中。

(3) 检查内外包装，鉴别生产厂家。

四、活塞环质量鉴别与选购

活塞环质量鉴别的方法如下：

1. 外观检查

检查活塞环表面，不允许有裂纹、毛刺、锈蚀和崩缺等现象。允许在开口两端面的内棱角和油环内圆表面上，在铣通油孔处有不大于0.5mm的崩缺，在上下端面和内圆表面允许有最大长度不超过0.5mm、深度不超过0.2mm的孔洞或凹痕，数量不允许超过3个。孔洞相互距离应大于10mm，并且不得在开口对面300mm范围内、上下端面或内圆表面相交的棱角处和油环的油孔上下侧有孔眼。活塞环不得有任何扭曲和变形。

2. 检查尺寸

测量活塞环的径向厚度和轴向高度应符合标准；测量开口、边、背等间隙应符合标准；表面粗糙度应符合标准。按图4－9所示进行活塞环间隙的检测。

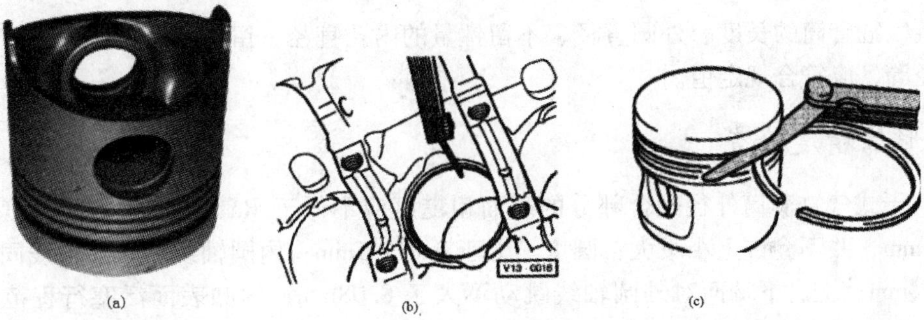

图4－9　活塞环间隙检测

(a) 活塞；(b) 开口间隙检测；(c) 边间间隙检测

3. 检查标识

正规厂家产品都在环的一端打有字母或符号，笔画细，清晰正规。

4. 测试弹性

可用手试其开口弹性和扭转弹性，合格的活塞环弹性好、不变形，但应注意，检验时不要用力过猛。最好用仪器直接检查其弹力。

5. 检查硬度

用其他有棱角的铁制品与活塞环棱角相刮，环的棱角不应有破损。

6. 检查外圆漏光

对非镀铬环每处漏光连续弧长不超过25°，在同一环上总和不超过45°；对镀铬环，每处漏光连续弧长不超过20°，在同一环上总和不超过35°；油环不得漏光。

五、气缸套的质量鉴别与选购

在选购气缸套时检查其质量的方法如下。

1. 外观质量检查

内、外圆表面不允许有碰伤、裂纹、锈蚀、夹渣和疏松等缺陷。

2. 水压试验

干式气缸套筒需在392kPa，湿式气缸套筒需在490kPa压力下，经5min水压试验不得有渗漏、浸润现象。

3. 测量尺寸

测量气缸套筒的长度、外圆直径、不留镗量的内孔直径、留镗量的内孔直径、下止口外圆直径等，应符合规定值。

4. 形位精度检查

（1）干式气缸套筒外径配合部分的表面粗糙度应不低于 Ra = 1.6μm；圆柱度应不大于0.035mm，并不允许上小下大；圆度不大于0.012 5mm；内圆轴线对外圆轴线同轴度不大于0.02mm；上、下端面对外圆轴线跳动不大于0.08mm；内圆表面活塞行程范围内的粗糙度与最小尺寸区域一致。

（2）湿式气缸套内工作表面粗糙度不低于 Ra = 1.6μm；圆度、圆柱度不大于0.025mm；上下部分外安装表面对内圆轴心线的圆跳动不大于0.03mm；外圆下部加工的安装阻水圈的槽应符合要求，且表面不允许有任何机械缺陷。如图4－10所示，测量气缸套筒圆度、圆柱度。

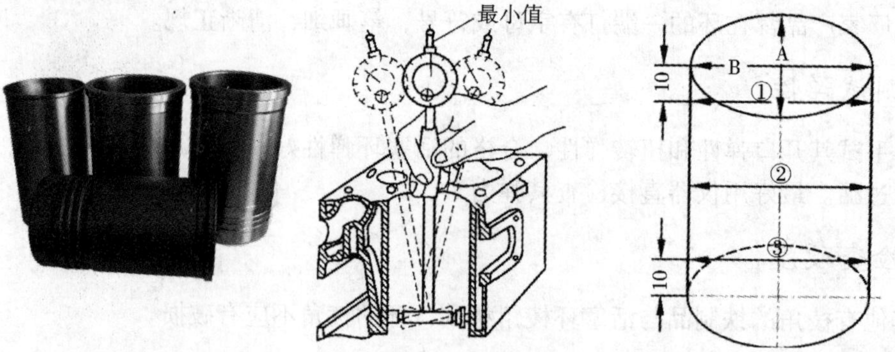

图4－10　测量气缸套

5. 气缸套维修件的选购

干式套筒的内径一般留有镗磨余量，故粗糙度要求较低，为 Ra =6.3μm，其加大外径的尺寸一般有 0.25mm、0.5mm、0.75mm、1.00mm 等。

六、凸轮轴的质量鉴别与选购

在选购凸轮轴时，其质量鉴别方法如下：

1. 外观质量检查

凸轮轴如图 4－11 所示，结构复杂，质量要求高，凸轮表面和轴颈表面应光洁，不应有明显波纹。工作表面不允许有烧伤、凹陷、锈蚀、磕碰伤痕等。非加工表面不允许有氧化皮、夹层裂纹、毛刺及疤痕。任何部分都不允许有裂纹和开裂等缺陷。钢制凸轮轴的凸轮、轴颈、偏心轮等工作表面均应进行高频淬火处理。

图 4－11 凸轮轴

2. 柴油机与汽油机凸轮轴的区别

在汽油机凸轮轴的一端有一偏心轮，用以驱动汽油泵；在中间部位有一斜齿轮，用以驱动分电器和机油泵。而柴油机凸轮轴没有这些零部件。

3. 检查硬度

凸轮、轴颈及偏心轮、齿轮的硬度应符合规定。有条件的情况应进行磁力探伤确定硬镀。

4. 测量轴颈直径

安装正时齿轮的轴颈、齿轮外圆直径、键槽宽度等，均应符合规定。

5. 检查凸轮位置及升程

各凸轮对称中心线对键槽的相对位置偏差应不大于45°。检查凸轮升程应符合规定。

6. 检查凸轮轴的加工几何精度

各轴颈同轴度、圆柱度应不大于0.005mm；当支承两端轴颈，中间各主轴颈的允许圆跳动量应不大于0.025mm，各凸轮基圆的圆跳动应不大于0.04mm，正时齿轮轴颈圆跳动不大于0.02mm，止推端面圆跳动应不大于0.02mm。凸轮和偏心轮表面粗糙度应为 Ra = 1.6μm，轴向止推端粗糙度应为 Ra = 1.6μm，轴颈表面粗糙度应为 Ra = 0.8μm。

七、气门的质量鉴别与选购

在选购气门时，其质量鉴别方法如下：

1. 检查外观质量

气门表面不得有裂纹、氧化皮及碰伤现象，外加工表面应光滑平整，不允许有影响使用性能的锻造缺陷，工作表面不得有伤痕、麻点、腐蚀等有害缺陷。

2. 检查硬度

气门硬度（要求为30～40HRC）、气门杆端部硬度（要求为50HRC），有条件的情况下应进行磁力探伤。

3. 检查尺寸

杆部直径、盘端面直径、锁槽宽度、锁槽直径（锁销孔径）、盘锥面母线与杆部圆柱表面母线夹角等应符合规定。

4. 检查粗糙度

杆部圆柱面粗糙度、工作锥面粗糙度、杆端面粗糙度等不大于 Ra = 0.8μm。

5. 检查工作锥面精度

对杆部圆柱面的圆跳动不大于0.02mm，杆端面对杆部圆柱面的圆跳动不大于0.03mm，杆部圆柱度不大于0.01mm。

6. 其他检查

气门锁止的形式是否与原车相符（目前气门锁止的形式有锁销、锁片式）。

八、气门导管的质量鉴别与选购

选购气门导管时的质量鉴别方法如下：

1. 检查外观质量

内孔表面和外圆表面必须清洁，不得有刻痕、黑点、凹坑、毛刺或碰痕，不允许有裂纹、氧化物、夹杂物、夹层及其他缺陷。导管内孔表面不得有气孔，外圆表面允许有直径不大于1.5mm、深度不大于0.5mm的气孔，气孔不得与导管面相通，气孔间相邻距离应不小于5mm，气孔数量不得多于3个。

2. 检查导管内孔轴线的直线度

导管内孔轴线的直线度不得大于0.01mm。用直径小于孔尺寸下限0.15mm、长度超过气门导管总长的心棒检查时，心棒应能自由通过。

3. 检查加工质量

检查内孔直径、外圆直径、全长长度等应符合规定，外圆圆柱度不大于0.01mm，内外圆的配合表面粗糙度 $Ra = 1.6\mu m$，内孔轴线和外圆轴线的同轴度不大于0.05mm。

4. 检查表面硬度

灰铸铁气门导管的硬度为170～241HB；合金铸铁、球墨铸铁气门导管硬度应为187～255HB。

九、传动轴及万向节的质量鉴别与选购

选购传动轴及万向节时的质量鉴别方法如下：

1. 检查外观质量

不允许有裂纹、凹陷、焊缝不完整等缺陷。

2. 检查配合

检查花键轴头、万向节叉、滑动叉、万向节、凸缘等的配合情况，配合应灵活无卡滞或松旷现象。

3. 检查平衡块

检查传动轴上的平衡块应完整牢靠，必要时做动平衡检查。

4. 其他检查

检查防尘套有无破裂与老化现象；检查黄油嘴是否完整无缺；检查主要参数是否和机型相匹配等。应符合要求。

任务七　盘类配件的质量鉴别与选购

汽车配件中的齿轮、制动盘与片、制动鼓等零件都属于盘类零件。

一、离合器从动盘总成的质量鉴别

1. 检查外观质量

首先观察各金属零件外表，必须是经镀锌、磷化或氧化处理的，没有裂纹及变形。

2. 摩擦衬片检查

摩擦表面不得粘有油污，铆钉应牢靠，摩擦片铆钉头低于摩擦片表面 1.0 ~ 1.3mm。

3. 花键检查

花键槽侧面粗糙度为 Ra = 1.6 ~ 3.2μm。

4. 检验材质

从动盘一般采用 40 钢、45 钢或 45Cr 和 40MoB 钢，齿槽部分的硬度为 30 ~ 45HRC。

5. 检测几何尺寸及形位误差

从动盘表面对花键孔定心面的端面（带摩擦片）跳动在半径为 100mm 处不大于 0.40mm（小客车）和 0.60mm（载货车）。从动盘上固定摩擦片的铆钉的孔位置偏差应不大于 0.2mm。

二、离合器摩擦片的质量鉴别

离合器摩擦片要求耐磨，并在受热时保持性能稳定。选购时其检查方法如图 4 - 12 所示。

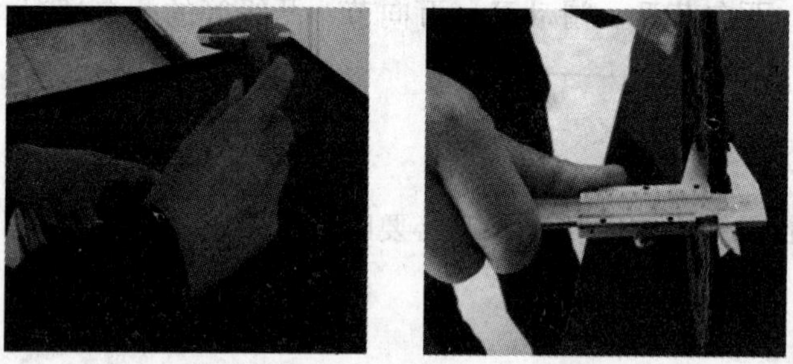

图 4 - 12　离合器从动盘总成检测

1. 检查材质

目前的摩擦片有石棉纤维和石棉与黄铜丝为材料制成的两种，选用时应与机型匹配。

2. 加工质量检查

检查厚薄和内外圆直径的误差是否在规定范围内。

3. 外观质量检查

检查表面应平整，不允许翘曲和有裂纹。

三、正时齿轮的质量鉴别与选购

在选购正时齿轮时的质量鉴别方法如下：

1. 外观质量检查

对曲轴正时齿轮各表面应光洁、无锋边、毛刺，齿轮的工作表面不允许有裂纹、锈蚀、凹坑和碰痕。用胶板尼龙加工的凸轮轴正时齿轮的非加工表面须光滑、平整，铁心不得有气孔、砂眼、碰伤、缺料和成型不完整等缺陷。铸铁加工凸轮轴正时齿轮经机械加工后的齿面不得有砂眼、锈蚀及其他任何缺陷。

2. 测量齿轮精度

内孔直径、齿轮外圆直径、键槽宽度等应符合规定。

3. 检查齿轮上正时标记与键槽中心夹角

各正时齿轮上的正时记号应正确、清楚、醒目。应注意内圆键槽中心线与边缘正时记号所成圆周角的位置偏差不应超过1°。

4. 检查形位精度

曲轴正时齿轮止推面对内圆轴线圆跳动应不大于0.05mm；凸轮轴正时齿轮安装端面对齿轮内孔的跳动应不大于0.04mm，齿轮两端面对齿轮内孔的跳动应不大于0.15mm。对凸轮轴正时齿轮其轮辐上的两个圆孔检查时，应注意是否与齿轮安装孔在一条直线上。

5. 检查硬度

正时齿轮的硬度和各表面的粗糙度应符合规定。

四、变速齿轮的质量鉴别与选购

国产汽车变速齿轮的材料采用18CrMnTi、20CrMo或40Cr钢制造。齿面硬度为48～53HRC。选购齿轮时应检查：

1. 检查外观质量

表面光洁，不允许有裂纹、锋边、毛刺；齿的表面不允许有锈蚀、黑皮、凹坑和碰伤等缺陷。

2. 检验材质和硬度

齿面硬度、花键孔硬度等，应符合规定。

3. 检查加工质量

变速齿轮的公差应不低于 IT8 级，齿面粗糙度、齿顶粗糙度不低于 Ra = 1.6μm，啮合齿面不低于 Ra = 1.25μm。

4. 其他检查

所选购齿轮应和机型相符合，齿轮是成对更换的，应注意齿形结构一致。其他齿轮参照规格选购。

五、惯性同步器的质量鉴别

惯性同步器结构复杂，如图 4－13 所示为锥环式惯性同步器的结构，零件较多，在检验时更应细致。

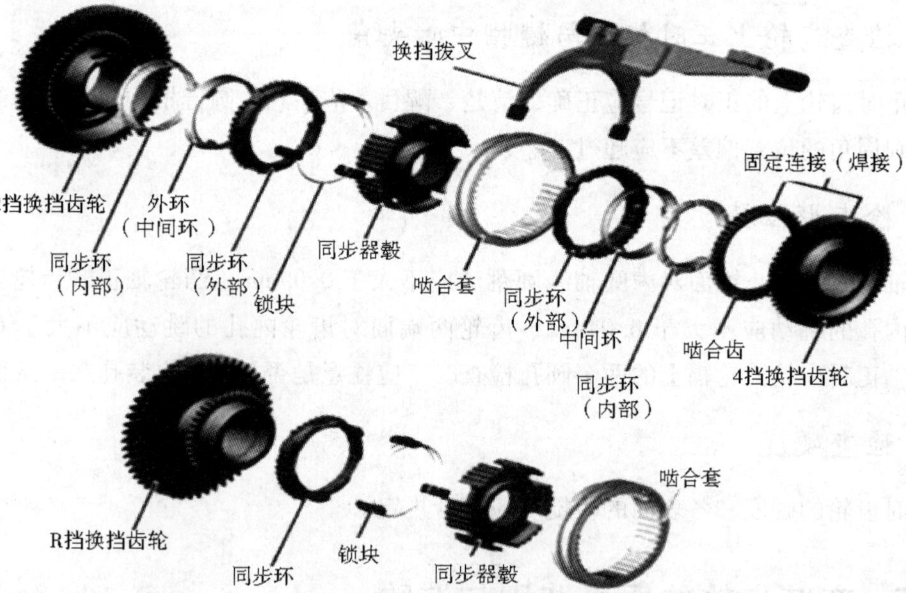

图 4－13　锥环式惯性同步器结构

1. 检查外观质量

锥环上的螺旋槽不得有毛刺和碰伤，加工表面不允许有锈蚀。

2. 检查装配质量

两个锥环应保持同心，铆接部分无松动；锁销两端不突出锥环的表面；锁销台肩和锥环端面不允许有间隙；沿锁销轴线方向移动齿套，不得有卡滞和过紧现象。

3. 检查加工质量

不得有疏松和气孔。锥面螺旋槽两侧表面不允许碰伤；槽通畅，不允许有毛刺阻塞。

六、制动摩擦片的质量鉴别与选购

制动摩擦片有用石棉纤维和金属丝按比例混合；石棉纤维、橡胶胶料和酚醛树脂按比例混合和石棉纤维加金属短丝等不同材料与工艺制成的三种。选购时应注意以下几点：

1. 对制动摩擦片的质量要求

主要是力学性能须符合标准，厚度、宽度、长度及弧度必须符合图纸规定。

2. 选用制动摩擦片先看包装

主要是看内外包装的完整和文字标识，字迹清楚、标贴印刷精致，纸盒硬挺没有破损。

3. 检查实物外观

制动摩擦片的使用面应光洁，硬度适中，用硬物擦划不易损坏，厚度均匀；不允许使用面高低不平、粗糙、脱落、倒边和裂纹；也不允许有金属丝裸露。

4. 检查制动摩擦片上摩擦系数标志

一般在非工作面上印有摩擦系数标志，由两位大写英文字母组成。第一位字母代表常温摩擦系数，第二位字母代表高温摩擦系数。应根据车型选购。

七、气缸垫的质量鉴别与选购

气缸垫是一种易损耗的配件，结构形式有如下 3 种：用 0.25 ~0.30mm 的紫铜皮两面包覆厚度为 1.6mm、1mm 石棉绒纸箔的普通型气缸垫；经特殊化学处理并用薄钢板冲制成骨架的膨胀石墨气缸垫；大功率柴油机发动机用的厚 0.2mm、0.4mm、1.1mm 薄钢板冲制并铆焊叠成的纯钢板衬垫。选购气缸垫的质量鉴别方法如下：

1. 检查外观质量

表面应平整、光滑、无裂纹、折皱、凹坑、扭曲和锈蚀；翻边不得有破裂、皱纹、凹陷、毛刺和锐边；金属板应与石棉板贴合，不得有翘曲。

2. 检查加工质量

检查气缸垫的总厚度应符合规定，如汽车发动机用气缸垫的总厚度应为 1.2 ± 0.08mm。检查燃烧室孔相对定位孔的位置精度应不大于 0.4mm。检查水道孔、油道孔应完整无缺，金属卷边完整无起皱。

任务八　壳体类配件的质量鉴别与选购

一、气缸体的质量鉴别与选购

气缸体是发动机的主要基础件，容易产生变形。气缸体变形主要是指气缸体有关要素的平面度、平行度、垂直度和同轴度超过规定。所以在选购气缸体时，一定要对气缸体的变形进行检验，选购气缸体的质量鉴别方法如下：

1. 检查外观质量

加工表面应平整、光滑、无裂纹、无气孔夹渣、凹坑和锈蚀；非加工表面无破裂、皱纹、凹陷、毛刺、锐边和气孔夹渣，表面光洁无锈蚀。

2. 检查加工质量

（1）气缸体上平面的平面度检验：如图 4－14 所示，检验时，把工字平尺 2 放置于被测平面 1 的选定位置，把百分表 3 装到表座 4 上，使百分表 3 的测杆与气缸体上平面接触，并校表使指针对零。使表座 4 的基准面沿工字平尺上平面贴合并滑动，百分表 3 的测杆在被测面上移动，其最大跳动量即为被测方向的平面度误差。然后将工字平尺变换不同的方向，测得各个方向上平面度的最大值即为全长的平面度。在测量中，每隔 50mm 两相邻位置上百分表的读数的最大值，为 50mm × 50mm 范围内的平面度，铸铁气缸体不大于 0.05mm，铝合金气缸体不大于 0.05mm。简单的方法是用钢板尺与厚薄规检查。

（2）气缸与主轴轴承孔垂直度的检验：如图 4－15 所示，气缸与主轴轴承孔垂直度检验仪由定位机构、定心机构、传递机构和指示仪表等组成。气缸轴线与两端主轴轴承孔公共轴线在全长上的垂直度精度规定为 0.05mm。

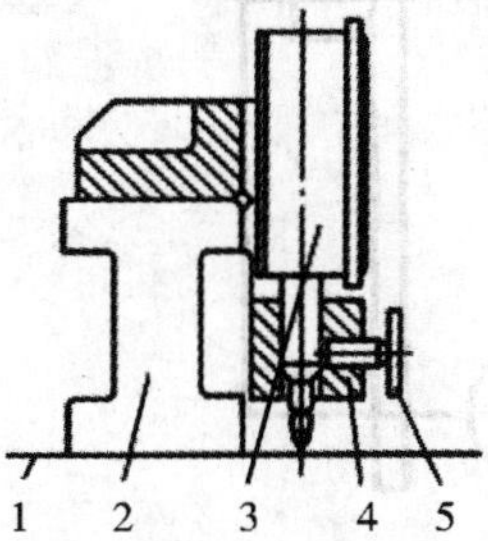

图 4－14　平面度检验

1—气缸体上平面；2—工字平尺；3—百分表测；4—表座；5—紧固螺栓

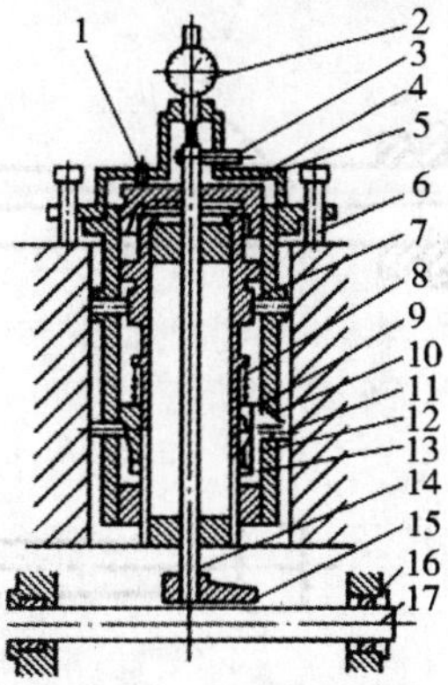

图 4－15　垂直度检验

1—限位螺钉；2—百分表；3—测量杆手柄；4—定心调节套筒；5—支架；6—调节螺栓；7—定心套；8—定心压簧；9—定心锥套；10—导向套；11—定心销；12—滑套；13—调节螺母；14—测量轴；15—测量头；16—定心轴套；17—定位轴

（3）主轴轴承孔同轴度的检验：如图 4－16 所示，主轴轴承孔同轴度检验仪由定位机构、传递机构和测量机构等组成。通过定心机构的安装，使定位轴的轴线与两端主轴轴承孔公共轴线重合。转动定位轴，杠杆一端沿被测轴承孔的内表面移动，百分表针的摆动读数即为被测轴承孔的同轴度误差。所测参数符合规定。

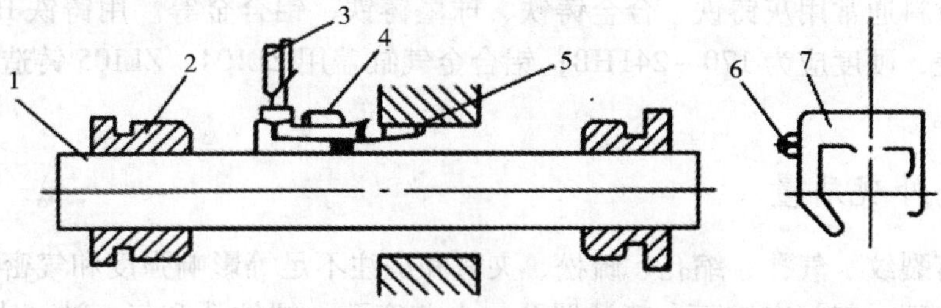

图 4－16　同轴度检验仪

定位轴；2—定位轴套；3—百分表；4—测量座体；5—杠杆；6—压杆螺钉；7—压杆

（4）凸轮轴轴承孔与主轴轴承孔平行度的检验：如图 4－17 所示，凸轮轴轴承孔与主轴轴承孔平行度检验仪由定位机构、测量机构和标准规等组成。通过定位轴与测量轴的安装，使定位轴的轴线与两端主轴轴承孔轴线重合，测量轴与凸轮轴轴承孔轴线重合。将测量机构的百分表在标准规上调零后，分别在前后端凸轮轴轴承孔内装入测量轴，使标准规在测量轴上摆动，则由百分表指针在气缸体两端与定位轴作相对摆动时的读数即可确定两轴线的轴心距。两端轴心距的差值就是凸轮轴轴承孔轴线与两端主轴轴承孔公共轴线在全长上的平行度误差。相关参数应符合规定。

3. 水压试验

利用水压试验检验气缸体内外部裂纹，不允许有渗漏。

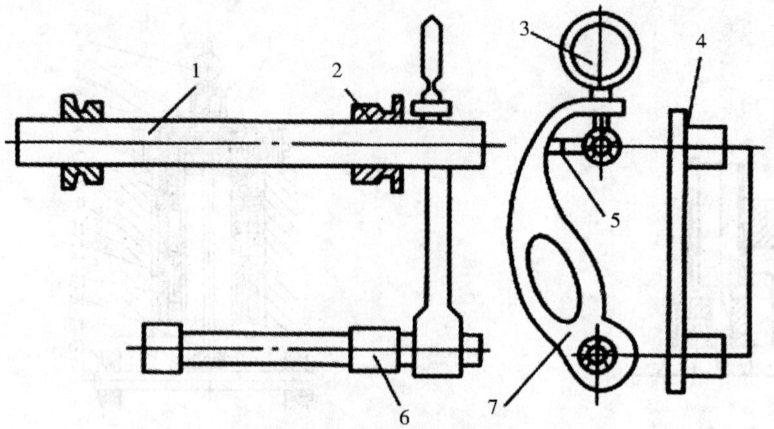

图 4－17　平行度检验仪

1—定位轴；2—定位轴套；3—百分表；4—标准规；5—限位销；6—测量轴；7—测量座体

二、气缸盖的质量鉴别与选购

在选购气缸盖时，其质量鉴别的方法如下：

1. 检查气缸盖的硬度

气缸盖材料通常用灰铸铁、合金铸铁、球墨铸铁、铝合金等。用铸铁 HT200 ~ HT250 制造的气缸盖，硬度应为 170 ~ 241HB；铝合金气缸盖用 ZL104、ZL105 铸造铝合金，硬度不小于 90HB。

2. 检查外观质量

不允许有裂纹、气孔、缩孔、疏松、夹渣和浇注不足等影响强度和气密性能的铸造缺陷。燃烧室表面、气门座锥面、喷油器孔、火花塞孔、螺纹孔和气、油、水有关密封面，不允许有任何加工不掉的铸造缺陷；燃烧室、进气道、排气道和铸件非加工表面应光滑、平整和清洁；进、排气门座密封带应是连续无断痕，密封环带宽度应为 1.2 ~ 2.5mm。

3. 测定燃烧室的容积

应符合规定，否则将影响各气缸间的工作平稳性和总输出功率。

4. 水压试验或气压试验

对水冷式气缸盖应进行水压试验或气压试验。如桑塔纳轿车发动机气缸盖规定是在 392 ~ 441kPa 的压力下进行水压试验，水温为 40℃，保持 5min 不得有渗漏现象。

5. 检查进、排气门质量

检查进、排气门孔径、气门导管孔径应符合规定。进、排气门座锥面对气门导管孔轴线的圆跳动应不大于0.05mm。

6. 检查接合面的粗糙度

检查缸盖与缸盖罩接合面、缸盖与缸体接合平面的粗糙度必须不低于Ra = 3.2μm。

7. 检查接合平面的平面度

缸盖与缸体接合平面、缸盖与缸盖罩接合平面的平面度亦应符合规定，检查方法如图4－18所示。

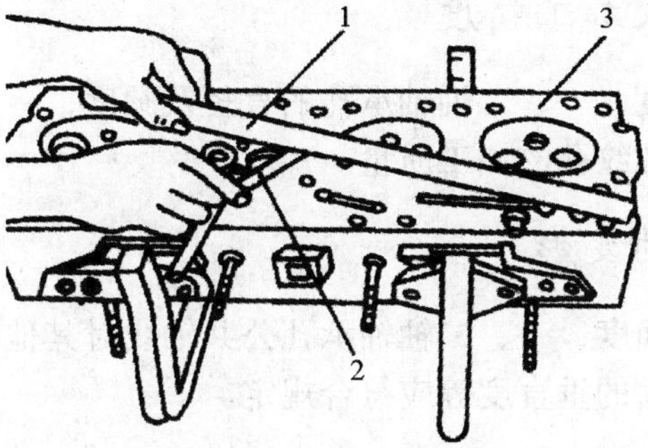

图4－18　缸盖与缸体接合平面的检测

1—刀尺；2—塞尺；3—气缸盖

三、飞轮壳质量鉴别与选购

在选购飞轮壳时的质量鉴别方法如下：

1. 检查外观质量

表面应无裂纹、砂眼、气孔、锈蚀等缺陷。

2. 检查几何尺寸及加工精度

检查主动轴孔直径、起动机孔直径、两定位孔直径、两定位孔中心距、主动轴孔与起动机孔中心距、分离叉轴套直径等应符合规定。

3. 检查飞轮壳的变形

检查主动轴孔轴线对前端面孔径轴线圆跳动、前后两端面平行度、两分离叉轴套孔同轴度等。飞轮壳变形将使变速器一、二轴的轴线与气缸体主轴承孔中心产生同轴度误差，造成离合器分离不彻底、发响、发抖和变速器直接脱挡等故障。因此，不允许飞轮壳变形。

四、变速器壳质量鉴别与选购

在选购变速器壳时，其质量鉴别的方法如下：

1. 检查外观质量

加工表面应无裂纹、砂眼、气孔、锈蚀等缺陷，非加工表面应光洁无裂纹、砂眼、气孔等缺陷。

2. 检查几何尺寸及加工精度

检查加工表面的粗糙度，一、二轴轴承孔的直径及圆度，一、二轴轴承孔对其他轴轴孔孔距应符合规定。检查螺纹孔的加工质量。

3. 检查变速器壳的变形

主要检查上平面的平面度，一、二轴轴承孔公共轴线对其他轴线的平行度，一、二轴轴承孔轴线对壳体前后端面的垂直度等应符合规定。

任务九　总成类配件的质量鉴别与选购

一、汽油滤清器的质量鉴别与选购

汽油滤清器的结构有金属壳一体式（如图 4－19 所示）和塑料一体式，选购汽油滤清器时，其质量鉴别方法如下：

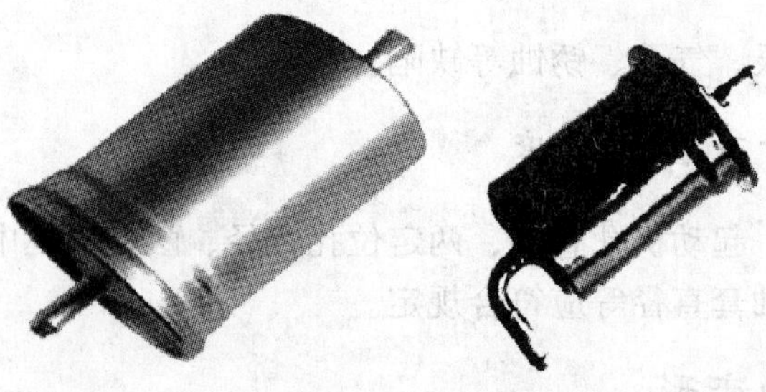

图 4－19　金属壳汽油滤清器

1. 外观质量检查

陶瓷滤芯不得有裂纹、伤痕、掉渣等影响滤清性能或使用寿命的缺陷；纸质和尼龙布滤芯不得有开裂、划伤等影响滤清性能的缺陷。除滤芯外所有零部件均不得有空洞、疏松、砂眼、伤痕、缩孔和变形等影响产品质量或外观的缺陷。金属零件表面均须进行镀锌表面处理。

2. 密封性能检验

通入压力为98kPa的压缩空气历时1min不得渗漏。

3. 标识检查

生产标识清楚，安装方向标识清晰。

二、汽油泵的质量鉴别与选购

图4－20所示为汽油泵总成，它由支架、滤清器及汽油泵组成，可以单选。选购汽油泵时，其质量鉴别方法如下：

图4－20　汽油泵总成

1. 外观及装配质量检查

汽油泵紧固连接部位不得松动或脱落。外露零部件均应镀锌。同一型号汽油泵的全部零件，除不可拆除者外，均应有互换性。

2. 汽油泵的内部线圈电阻检验

用电表测量汽油泵的内部线圈电阻，应符合生产厂家规定。

3. 汽油泵的压力检查

用油压表测量汽油泵的工作油压，应符合生产厂家规定。如一汽大众捷达汽车用汽油泵就要求在发动机怠速时压力不小于250kPa，且无漏油现象。

三、柴油机喷油泵的质量鉴别与选购

柴油机喷油泵的使用性能直接影响发动机的工作性能，故对其零件的制造材料和几何尺寸精度以及装配质量、总成技术性能参数各方面都有极高的要求。图4－21所示为柴油机喷油泵总成，在选购时应检查以下几点：

图4－21　柴油机喷油泵总成

1. 外观及装配质量检查

检查外部包装是否完好，各部连接是否牢靠，各调节机构是否运动灵活无卡滞或松旷，铅封是否完好无缺，不允许有漏油现象。

2. 标识检查

生产标识清楚，安装方向标识清晰。特别是供油起始时刻标记清晰且位置正确。

3. 喷油泵工作参数检查

喷油泵各缸的喷油时间（第一缸的喷油时间）应符合规定。各缸供油的时间间隔偏差不应超过0.5（曲轴转角），否则将使发动机工作粗暴、怠速不稳、起动困难、功率下降、耗油量增加等。各缸的供油量必须均匀，在额定转速下不均匀度不应超过3%。

4. 调速器检查

应能保证不超过发动机最高额定功率的10r/min，并应保证发动机在额定怠速时工作平稳并无熄火现象，应保证在发动机低、高速范围内的调速过渡平滑和灵敏，以适应发动机各种转速和功率的供油正时及油量的需要。

四、喷油器的质量鉴别与选购

车用柴油机常用喷油器有孔式和轴针式两种。孔式喷油器多用于直接喷射式燃烧室柴油机，喷孔数一般为1~8个，喷孔直径为0.15~0.7mm；轴针式喷油器只有一个喷孔，孔径为1~3mm。喷油器总成的主要质量检查方法如下：

1. 外观及装配质量检查

检查外部包装是否完好，各部连接是否牢靠，各组成零件的材质和热处理必须符合要求，几何尺寸必须在允许范围内。

2. 燃油喷射质量检查

在喷油器校验仪（如图4-22所示）上检查燃油喷射质量，雾化良好，不允许有明显的飞散油粒、连续的油流或有个别的浓稠之处；在喷射前后，针阀的喷孔处均不允许有滴漏，但允许有润湿；开始喷射的压力差应不大于规定值的0.98MPa。

图4-22　喷油器校验仪

3. 其他检查调整

调压螺钉螺纹不允许有损伤或乱扣，壳体不允许有变形等。成品出厂时应用塑料含油密封包装。表面不允许有磕碰伤及污染。

五、机油滤清器的质量鉴别与选购

选购机油滤清器时，应注意以下几点：

1. 检查外包装

主要是核对生产厂家和型号，一般说来，有知名度的品牌加工较精致而且包装精美。

2. 检查外观质量

总成内外表面及螺钉、螺母等经防锈处理，镀层无锈蚀、脱落，外表面没有明显的伤痕、凹陷、毛刺等缺陷。转子式机油细滤器转子总成应转动灵活，转动中无卡滞和卡死现象。

3. 检查装配质量

安装螺纹完好无损、加工精度高，各油孔畅通无阻，密封圈良好无毛刺。

4. 检查密封性

纸质滤芯式机油粗滤器在压力为600kPa时保持不小于1min，滤清器外壳和滤清器座接合处不允许渗油。锯末滤芯式机油粗滤器在900kPa压力下保持lmin不得有漏油或压力下降现象，滤芯轴转动时应无轴向游隙，转动手柄所需力矩为0.98～2.45N·m。对金属片缝隙式机油粗滤器，在压力为980kPa时，用渗有煤油的机油混合物和苏打溶液试验，保持1min，机油泵不得有渗油和压力下降现象。滤芯轴转动时的要求及转动手柄所需力矩与检查锯末式机油粗滤器时相同。对机油细滤器总成，用机油充满滤清器在980kPa油压下保持1min不得有漏油和压力下降现象。

六、节温器总成的质量鉴别与选购

常见的节温器有双阀折叠式和蜡式两种。在选购节温器时，应注意检查以下几点：

1. 检查外观质量

无裂纹及配件松旷、变形、毛刺等缺陷，金属镀锌层完好。

2. 检查装配质量

测量阀门直径是否符合要求。测量阀门全开时的阀门全开升程，应符合规定。

3. 灵敏度检查

将节温器放入水中，用酒精加热，检查蜡式节温器的阀门初开温度和阀门全开温度，节温器阀门初开温度应为80±2℃，阀门全开温度为90℃，并检查阀门全开灵敏度。

七、减振器的质量鉴别与选购

减振器及支柱总成如图4－23所示，在选购减振器时，应注意以下几点：

图4－23 减振器及支柱总成

1. 检查外观质量

检查有无锈蚀和脱漆现象，检查外部零部件是否完整，有无变形和筒体凹陷，防尘、密封、限位缓冲等橡胶制件有无老化损伤缺陷。

2. 技术性能检查

在做技术性能试验时应符合标准规定：工作行程100±1mm，工作频率1.67Hz，温度20±2℃条件下，示功图应丰满圆滑，无空程、畸形、忽大忽小等异常现象。其复原阻力的误差应不大于规定的±15%，压缩阻力的误差不大于规定的20%。减振器在做技术性能试验中，各部均不允许有渗漏油液现象。

八、蓄电池质量鉴别与选购

选购蓄电池时，应注意以下几点：

1. 蓄电池外观检查

包装箱字迹清晰、纸质好，拆封后的加液孔是用铝纸胶封。蓄电池外观应外表光洁、封口剂平整均匀、加液孔的螺塞封闭良好，通气畅通，表面不得有电解液渗漏溅出。蓄电池上应有下列标志：型号或规格、极性符号、制造厂名、商标或代号、制造年月等信息。标志应字迹清楚、耐久。正负铅端子光亮美观，不应有毛刺及锈蚀。

2. 质量检验

起动能力检验：蓄电池在－18℃的环境中，以规定电流（3A或制造厂自行规定的）放电60s，其单体蓄电池电压不得低于1.40V；充电接受能力检验：未经使用的蓄电池以0.1A的电流放电5h后，在0℃的环境中从额定电压14.8 ±0.05V再充电时，其电流值应不小于0.1A；充电保存能力检验：完全充足电的蓄电池在温度为40℃环境中放置21天后，在温度

为 -18 ±1℃环境中，以规定电流（3A 或制造厂自行规定大于 3A）放电 30s，蓄电池中单体蓄电池的平均电压不得低于 1.20V。以上三项其中一项不合格即为不合格品。除以上三项检查外，铅酸蓄电池的检验项目还有：额定容量检验、过充电耐久能力检验、循环耐久能力检验、贮存后的起动能力检验、电解液的保存能力检验、耐振动性检验等。

九、交流发电机及调节器的质量鉴别与选购

车用交流发电机如图 4 -24 所示，选购车用交流发电机时，应检查以下内容：

图4 -24　车用交流发电机

1. 蓄电池外观检查

交流发电机外表面应清洁、无油污和碰伤等现象。交流发电机由钢铁材料制造的零部件外露部分，应具有防腐蚀保护层。交流发电机外形及安装尺寸应符合规定。交流发电机旋转如为逆时针方向，必须在电机上的显著位置标示旋转方向的箭头。交流发电机输出引线如制成双线制，必须有表示极性的明显标志。

2. 使用性能检验

（1）交流发电机在下列条件下应具有工作能力：周围环境温度为 -40 ~85℃，月平均相对湿度不大于 90%。

（2）交流发电机工作时应无异常的机械噪声。

（3）交流发电机应经受 3 000h 耐久性试验。

（4）交流发电机工作性能应符合各具体产品技术条件规定，同时应根据相应规定配用电压调节器的类型。

（5）交流发电机的转子总成、定子总成、电刷架、调节器（对整体式交流发电机）应具有互换性。

3. 车用交流发电机调节器质量鉴别与选购

车用交流发电机调节器有单级电磁振动式、双级电磁振动式和晶体管式三种。在选购调节器时，应注意以下几点：

（1）在周围介质温度为 20 ±5℃时，调节器的调节电压值应符合规定。

（2）在周围介质温度为 20 ±5℃，发电机转速变化时，调节器的调节电压变化值符合规定。

(3) 周围介质温度为 20±5℃，负载变化时，调节器的调节电压值应符合规定。

(4) 周围介质温度为 -40±12℃时，调节器的调节电压值应符合规定。

(5) 周围介质温度为 65±2℃时，调节器的调压值应符合规定。

(6) 调节器在周围介质温度为 65±2℃，发电机转速为 3 500r/min，负载分别为额定负载的 90% 到 50% 到 10% 时，各以 10min 为一个循环周期，循环工作 300h，恢复常温，其调节电压符合规定（如额定电压为 14V 的调节电压为 13~14.7V）。

(7) 发电机转速为 3 500r/min，50% 额定负载，调节电压值为 13~14.7V 的调节器应耐振动频率 3 000Hz，最大加速度 $5m/s^2$ 振动 4h 以及最大加速度为 $10m/s^2$ 做 10 000 次振动冲击试验。试验后调节器恢复常温时，调节器各零件无损坏，紧固件无松动，调节电压值仍符合规定。

(8) 检查调节器应在明显位置有如下几种标志：制造厂名称和商标、额定电压、接线标志、出厂年月。

十、火花塞的质量鉴别与选购

火花塞在恶劣的条件下工作，其技术状况和特性对点火性能和发动机功率有直接的影响，选购和更换火花塞时要注意尽量使用生产厂家指定的型号。如图 4-25 所示为常用的火花塞，火花塞质量鉴别应检查以下几点：

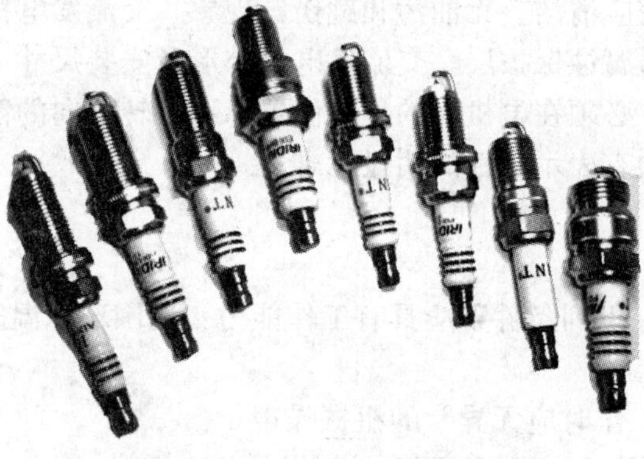

图 4-25 常用的火花塞

1. 绝缘强度检查

绝缘体应有足够的绝缘强度，能承受 30 000V 冲击性高电压的作用。

2. 其他质量检查

(1) 火花塞能承受剧烈的温度变化。在裙部受到 1 500~2 000℃高温和 50~60℃突然冷却时，不得有局部过热和温度过低。

(2) 有足够的机械强度，在裙部受到 5.88~6.86MPa 的压力冲击时，能承受冲击在体壳边缘的负荷。

（3）火花塞的电极应采用难熔、耐蚀的材料制成，在受到多种活性气体和物质，如臭氧、氧、一氧化碳、氧化硫、氧化铅等腐蚀时能保证足够的使用寿命。

（4）工作时，火花塞绝缘体裙部的温度应保持在500～600℃的最佳自净温度。

3. 密封性能

在700℃时保温10min，气压为1.47MPa的工作环境下历时30s无漏气现象。

任务十　汽车运行材料的质量鉴别与选购

一、汽车轮胎的质量鉴别与选购

汽车轮胎的规格品种繁多，应根据轮胎的有关规定，认清标记（如图4－26所示），正确选用汽车轮胎。轮胎的质量鉴别的方法如下：

1. 核对品牌

检查商标、中文、英文标识，弄清产地和厂家。

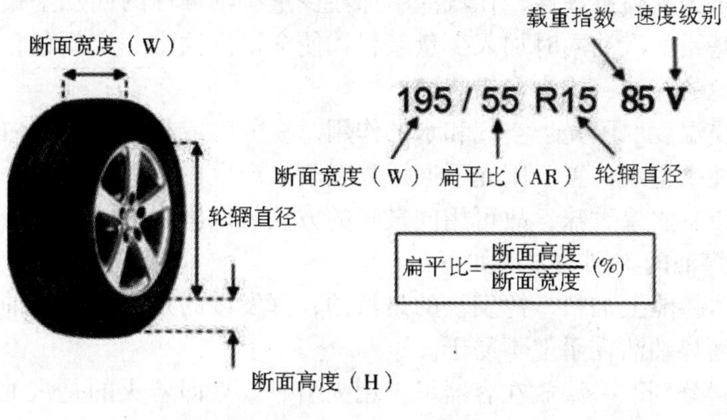

图4－26　轮胎标记含义

2. 检查生产日期

弄清轮胎厂规定的轮胎质量保质期与使用期的不同。轮胎随时间延长会自然老化。生产日期久远的轮胎使用寿命会缩短。

3. 外观质量检查

轮胎花纹应整齐，分布均匀规则，无缺损、气孔、龟裂和毛刺。

4. 检查外形尺寸

检查轮胎尺寸是否符合国家规定。

5. 检查标识

按国家规定在外胎两侧要标出生产编号、制造厂商标、尺寸规格、层级、最大负荷和相应气压、胎体帘布汉语拼音代号、安装要求和行驶方向记号等，都应清楚完整。

6. 检查轮胎的基本性能

必要时检查轮胎的基本性能。评价轮胎的性能指标主要有行驶阻力、轮胎所产生的热量、轮胎的制动性能、胎面花纹噪声、浮滑现象、驻波、拐弯力性能、轮胎的磨损等方面应符合规定。

二、车用燃油的质量鉴别与选购

1. 汽油的质量鉴别与选购

（1）含铅汽油与无铅汽油的鉴别方法如下：

①含铅汽油是为提高抗爆性，在汽油中加注少量有剧毒性的四乙基铅，来提高其辛烷值。加注了四乙基铅的汽油同时加入少量颜料，使含铅汽油带一定颜色，以示区别，凡带有黄橙色或浅红色的汽油，均为含铅汽油。

②四乙基铅受温度、阳光、空气和水的作用，易分解或氧化，产生白色铅沉淀，为此取适量汽油，加注少量水，置于阳光下通风处曝晒，产生白色沉淀的为含铅汽油。

③四乙基铅带有水果香味，故可用闻气味的方法加以区别。

（2）汽油与煤油的鉴别的方法如下：

①用手指或木棒蘸上油料，挥发快的是汽油，挥发慢的是煤油。汽油沾在手上感到凉快，很快干燥，而煤油沾在手上不易干。

②把两种油料分别取一滴放在容器里，用火引燃，立即着火的是汽油；着火慢、烟气大的是煤油。

③用鼻子闻，汽油气味强，煤油气味小。

④将两瓶油搅动呈泡沫，看泡沫消失快慢，快的是汽油，慢的是煤油。

（3）机械杂质含量的鉴别：将汽油摇匀后滴在白纸上，如油滴立即挥发或浸渗不留痕迹，证明无杂质。

（4）含水汽油的鉴别：将汽油摇匀，取透明容器盛满，如含水较多，放置一段时间后可发现分层的含水汽油；若含水少，可取一长铁丝，缠上干燥棉纱，蘸上摇匀的汽油后点燃，有“噼啪”、“吱吱”声响者说明汽油中含有水分。

（5）汽油的色质鉴别：常用的 90 号普通汽油的颜色均呈淡黄色，且色质透明、清澈；而劣质汽油的颜色多呈红黑色，色质浑浊，透明度差，有难闻异味。

(6) 汽油等级的鉴别：目前市场上有用低牌号汽油冒充高牌号汽油的，只能用试验的方法加以区别。

(7) 汽油的选购：根据汽车使用说明书的要求，以在正常运行条件下不发生爆燃为原则，选购适当牌号的汽油。

2. 柴油的质量鉴别与选购

(1) 煤油与柴油的鉴别

其鉴别方法如下：

①看颜色：煤油的颜色较浅，有的是无色或微黄色；而柴油是浅黄色或深黄色。

②点燃：用油灯点燃时不冒烟的是煤油，冒烟的是柴油。

③用手摸：煤油粘度小，柴油粘度大。

④将两瓶油摇动：煤油的旋涡比柴油的消失慢些，泡沫则比柴油消失得快。

(2) 轻柴油与重柴油的鉴别

用重柴油充作轻柴油销售是市场上最常见的手段。其鉴别方法如下：

①看颜色：轻柴油为浅黄色至深黄色，有的微发绿色；重柴油为深褐色至深黑色。

②用手摸：轻柴油粘度小，重柴油粘度大。

③闻气味：重柴油有焦味，而轻柴油没有。

(3) 柴油与齿轮油的鉴别

取少量油涂抹在厚纸上，若在纸的背面渗透油迹则为柴油，无渗透油迹并在纸上仍有很好的润滑性的为齿轮油。取同量的两种油，涂在薄纸上用火柴点燃，燃烧快的为柴油，燃烧慢的为齿轮油。

(4) 含水的鉴别

取适量所试的轻质柴油装入试管内，剧烈摇动几次，如呈现混浊现象，则说明所试轻质柴油中含水分。将所试柴油装入试管内，用酒精灯加热，如发出“噼啪”声，并在管壁上有水珠凝结的，说明油中有水分。

(5) 粘度的检查鉴别

简单识别法：在玻璃板上滴 2 滴试油，再滴 2 滴同样大小已知型号的柴油，倾斜玻璃板比较两种油滴流下来的速度。如速度一样，则两种柴油粘度相似；如速度不相同，则流速快的粘度小，相反则粘度大。

(6) 柴油腐蚀性的检查鉴别

将铜片或铜线擦亮，放入被检查的柴油中，经 24h 后取出，如铜片（线）呈黑色或有污斑点，则说明被试柴油有腐蚀性，为不合格柴油。

(7) 杂质鉴别

将轻柴油摇匀后滴在白纸上，如油滴立即挥发或浸渗不留痕迹，证明无杂质。

（8）根据气温和季节选择柴油的牌号

为保证柴油发动机工作正常，应根据不同地区和季节，选购不同牌号的柴油。一般选购的柴油，其凝点应低于当地季节温度 3～5℃，以保证在最低气温时不致凝固，影响使用。也可参照下面的方法选购。－10 号轻柴油适合长城以南地区冬季和长江以南地区严冬，最低气温在 5℃以上的地区使用。－20 号轻柴油适合长城以北地区冬季和长城以南地区、黄河以北地区严冬，最低气温在－5～－14℃的地区使用。－35 号轻柴油适合东北和西北地区严冬，最低气温在－14～－29℃的地区使用。－50 号轻柴油适合于风险率为 10％的，最低气温在－29～－44℃的地区使用。10 号轻柴油适合于有预热设备的高速柴油机使用。0 号轻柴油适合于风险率为 10％的，最低气温在 4℃以上的城区使用。重柴油是中、低速柴油机的燃料：10 号重柴油用于转速为 500～1 000r/min 的中速柴油机，20 号重柴油用于转速为 300～700r/min 的中速柴油机，30 号重柴油用于转速为 300r/min 以下的低速柴油机。

三、汽车发动机用润滑油的质量鉴别与选购

1. 发动机润滑油的鉴别方法

（1）劣质发动机润滑油的鉴别方法。目前市场上劣质发动机润滑油很多，许多是利用废的发动机润滑油经重新处理，以次充好，流入市声销售。这里首先介绍如何识别所购买的润滑油是否变质。

①观察法：将质量合格的发动机润滑油和所购买的发动机润滑油各滴一滴在白色滤纸上，观察两者的变化情况。如果油滴中有较多的黑点，润滑油中含有硬质沥青和炭质，说明润滑油含杂质较多；如果油滴呈现深褐色，而且均匀无颗粒，并有黄色泡沫，则表明润滑油已严重变质；对加有添加剂的柴油机润滑油，油滴中间的黑点（很小）与四周黄色浸润痕迹（较大）的边界不很明显，且有扩散的花边，则表明添加剂有效，若边界很清晰，则表明添加剂已经失效，润滑油已变质。

②擦研法：用食指蘸少量欲购发动机润滑油，与拇指对研，应感到滑腻粘稠，如粘性很差或有微粒感，则表明润滑油已经变质。

③油流观察法（或称倾注法）：取一些欲购发动机润滑油盛入容器中，然后慢慢向下倾斜，并且边倒边观察油流的情况，优质油流呈清亮、细长而且均匀连续、有光泽；若油流断断续续、粗细不均匀或浑浊发黑，则表明该润滑油为变质润滑油。

④对比法：用两个直径 0.5cm、长 20cm 的玻璃管，分别装入 19cm 高的优质发动机润滑油和欲购发动机润滑油，封好玻璃管口以后，将两个管子同时倒立，并记下气泡上升时间，如两者上升时间相同或相近表明油质量好，若两者气泡上升时间相差较大（如超过 20％），则表明欲购润滑油已变质。

⑤过滤法：取 100mL 欲购润滑油，加入 200mL 无铅汽油稀释，然后用滤纸过滤，优质润滑油应无沉淀物或有极少沉淀物，若沉淀物较多（如重量达到或超过 2g）则表明润滑油已变质。

（2）进口发动机润滑油。一般可从以下几个方面分辨其真假：

①检查外包装。在购买进口机油时，请看清包装上有无国别、名称和中英文说明及检验标志等。一个规范厂家生产的机油在包装桶上都有明显的油品规格，它由两部分组成：一个是 API 质量标准标记，一个是 SAE 粘度质量标准标记（欧洲产机油外包装上还有 CC-MC 或 CEA 质量标准标记）。从外观包装上看，正品油桶表面各种图案印刷清晰，示意图上的颜色接近人的肤色，而假品的图案印刷模糊、颜色套色深浅不一致、不协调、不匀称，与正品相比颜色偏红、偏淡。油桶焊缝也有明显区别，正品焊缝光滑、焊线粗细厚薄匀称，假品、伪品则相反。正品油桶正面有激光防伪标志，从激光防伪标志上看，正品三维立体图案立体感强、层次分明，而伪品则无立体感、光亮度差异较大。另外，防伪标志若有撕下来再粘贴上的痕迹或撕下来便坏了的均系假货。此外，正品机油油桶提手压铁细长，假品稍宽；正品油桶圆角手感光滑，假冒品则手感不光滑，有冲压棱角；正品油桶盖橘红鲜艳，将盖拉出时不易断，而假冒品颜色虽一样但较深暗，其盖也易拉断；正品油桶外部色彩面光亮鲜艳，不易有油尘迹，而伪品则相反。

②对着阳光看，真正进口发动机润滑油呈深蓝色、清澈透明，而假冒进口发动机润滑油则呈黑色或灰色，不透明。

③将润滑油倒在手指间研磨时，真正进口润滑油手感光滑，而假冒产品则手感发涩，有细微颗粒状杂质。

④真正进口润滑油的粘温性好。在冬季购油后，观察润滑油在从室内到室外气温剧变时粘度变化，真正进口润滑油粘度变化不大、不变粘，仍呈稀态；而假冒产品则明显变粘、变稠。

⑤从内在质量上看，假冒伪劣进口润滑油中一种是用别的机油冒充，需通过仪器检验辨识；另一种是用再生机油假冒，一般颜色浑黑，用鼻子可嗅到一股汽油或柴油味道及其他怪味。

2. 发动机润滑油的选购

在选购发动机润滑油时，应遵循以下原则：

（1）选购发动机润滑油时，应注意进行发动机润滑油的质量鉴别，辨别真伪。

（2）在选购发动机润滑油时一定要注意包装桶上的润滑油牌号标志，根据车型来选购合适牌号的润滑油。高档次的发动机润滑油可以完全替代低档次发动机润滑油，而低档次的发动机润滑油绝对不能替代高档次的发动机润滑油。例如 API 质量标准中 SG 级的油可以替代 SE、SF 级的机油，而 SE 级的机油则不能替代 SF、SG 级机油。

（3）在选购发动机润滑油时，应根据发动机的使用环境温度选定润滑油的粘度级别。

必须按车辆制造厂的推荐来进行粘度选择，确定汽车适用的实际工作条件后，最好选择多级粘度润滑油，这是由于这类润滑油在高温和低温下都具有良好的性能；其次在保证发动机可靠润滑的前提下，应在汽车使用说明规定的范围内选购粘度较小的润滑油。

（4）应根据发动机的类型选购润滑油。车用发动机有汽油发动机和柴油发动机两大类，汽油发动机应选购汽油机润滑油，柴油发动机应选购柴油机润滑油，不能混淆。每一机型规定使用某一牌号的润滑油是根据发动机的各种因素而定的，不能随意购买代用。

（5）对于车用润滑油而言，最佳的选择是选购新产品 SH－CF/4 润滑油，只要选择了正确的粘度，这类润滑油可适合于任何一种车辆。

通常国产汽车选购润滑油如下：奥迪车用汽油机润滑油，QF10W/30；桑塔纳车用汽油机润滑油，QF10W/30；捷达车用汽油机润滑油，QF10W/30；神龙富康车用汽油机润滑油，QF10W/40；标致车用汽油机润滑油，QE15W/40；夏利车用汽油机油滑油，QE15W/40；五十铃车用柴油机润滑油，CC40。

技能训练

一、轴类零件的质量鉴别

1. 训练目的

掌握轴类配件的质量鉴别的技术标准；掌握轴类配件的质量鉴别的方法与步骤；掌握轴类配件的质量鉴别所用工具仪器的使用方法。

2. 训练设备和材料

（1）常用轴类零件，如曲轴、凸轮轴、半轴等。

（2）常用工具，轴类零件检测平台。

（3）测量工具仪器，如百分表、游标卡尺、千分尺等。

二、盘类零件的质量鉴别

1. 训练目的

熟悉盘类配件的构造；掌握盘类配件的质量鉴别的技术标准；掌握盘类配件的质量鉴别的方法与步骤；掌握盘类配件的质量鉴别所用工具仪器的使用方法。

2. 训练设备和材料

（1）典型盘类零件，如齿轮、制动盘、制动鼓等。

(2) 常用工具。

(3) 测量工具、仪器，如百分表、游标卡尺、千分尺、齿轮专用测量量具等。

三、壳体类零件的质量鉴别

1. 训练目的

熟悉壳体类配件的构造；掌握壳体类配件的质量鉴别的技术标准；掌握壳体类配件的质量鉴别的方法与步骤；掌握壳体类配件的质量鉴别所用工具仪器的使用方法。

2. 训练设备和材料

(1) 壳体类零件，如发动机机体、变速箱体、主减速器壳体等。

(2) 常用工具。

(3) 测量工具仪器，如百分表、水平尺、量缸表、游标卡尺、千分尺等。

四、总成类配件的质量鉴别

1. 训练目的

熟悉总成类配件的构造；掌握总成类配件的质量鉴别的技术标准；掌握轴总成类配件的质量鉴别的方法与步骤；掌握总成类配件的质量鉴别所用工具仪器的使用方法。

2. 训练设备和材料

(1) 总成类配件，如发动机总成、发电机、起动机、变速器总成等。

(2) 常用工具。

(3) 测量工具仪器，如百分表、发动机综合性能分析仪、数字万用表、解码器等。

五、汽车运行材料的质量鉴别

1. 训练目的

熟悉汽车常用运行材料的性能；掌握汽车常用运行材料的质量鉴别的技术标准；掌握汽车常用运行材料的质量鉴别的方法与步骤；掌握汽车常用运行材料的质量鉴别所用工具仪器的使用方法。

2. 训练设备和材料

(1) 一定数量的汽车运行材料，如汽油、柴油、润滑油、轮胎等。

（2）常用工具。

（3）测量工具仪器，如粘度测量仪、动平衡仪等

项目小结

1. 汽车用金属材料、非金属材料、运行材料的主要性能、分类、牌号及用途。

2. 汽车用油液选择与使用及使用注意事项。

3. 国产汽车零部件的编号规则与汽车标准件的编号规则。

4. 汽车配件的选购方法及注意事项。汽车配件的储存、保管与维护方法。汽车配件采购的原则、方式、程序。进货渠道与货源鉴别方法。汽车配件的验收方法。

5. 汽车配件的质量鉴别方法及典型质量鉴别技能训练。

练习与思考题

1. 金属材料的使用性能有哪些？汽车上常用的有几种？

2. 汽车上常用非金属材料有哪些？各有什么特性？

3. 汽车运行的材料有哪些？应如何选用？使用中应注意些什么？

4. 汽车配件的质量鉴别方法有哪些？

5. 汽车配件的储存、保管与维护方法有哪些？

6. 汽车配件的选购方法有哪些？应注意的事项有哪些？

7. 汽车配件验收时应做些什么？

8. 验收总成类配件时应做些什么？应注意的事项有哪些？

9. 国产汽车零部件的编号规则是什么？

项目五　汽车维修质量检验结论

项目描述

汽车维修质量检验的目的是为了更好地预防和控制维修质量。在实际工作中，影响汽车维修质量的因素比较多，并非简单的维修质量检验就可以保障。在ISO9000质量管理体系认证的质量手册和程序文件中叙述得比较完善，一般影响汽车维修质量的常见因素有：维修人员技术技能、维修工具与设备的完好性和可靠性、配件的质量、维修检验测试的手段、维修资料和档案、维修质量管理制度和全面质量管理等。

学习目标

1. 汽车维修人员应该掌握的技术技能。
2. 维修工具、设备、检测仪器的使用及配件管理对维修质量的影响。
3. 维修质量检验的目的。
4. 建立健全质量管理制度的作用。
5. 加强全面质量管理的意义。

任务一　汽车大修修竣的质量检验

一、维修人员技术技能

维修人员的技术技能是维修质量的重要保证，汽车维修企业应具备一定数量的技术管理人员、维修技术人员、质量检验人员。所有维修人员必须要经过上岗前的技能培训，考核合格且取得相应的等级证书方能上岗，尤其是有关维修的关键过程和特殊过程的操作者，一定要严格培训和考核，真正做到持证上岗。要想使维修人员能够掌握现代新型车辆的维修技能，必须参加有关形式的维修技能培训。同时，由于新车型和新技术的不断发展，维修企业需要制定一个比较详细周密的员工培训计划，及时获取新的工艺和技术，才具备维修现代汽车的能力。

汽车维修企业对维修技术人员的要求：

1. 维修人员必须以技术型为主：汽车维修人员必须具备一定的文化基础，懂得机电一体化的知识，熟悉现代汽车结构、原理；熟悉传感技术、液压控制及自动控制技术；掌握计算机应用知识；具有一定的英语阅读能力，能够阅读英文版《维修手册》。

2. 维修人员应是“复合型”人才：既在理论上掌握新技术，又有较强的动手能力，才能解决维修生产中的实际技术难题。

3. 汽车维修人员应善于收集、积累资料。

4. 汽车维修人员必须具备全面的操作技能：除具备汽车维修拆装技能外，还应具备汽车诊断与检测方面的能力，熟练掌握和使用智能化的仪表、设备等，才能具备诊断和排除现代汽车故障的能力。

企业技术人员在接受相关培训的同时，还要进行企业内部技术人员的交流，打破技术人员之间的技术封锁，让接受培训的技术人员在企业内部继续再培训，把企业内部的培训制定成可操作的规范和长期坚持的制度。

二、维修工具和设备的使用管理

汽车维修企业凭经验修车已成为历史，取而代之的是一靠人才，二靠信息（检查资料），三靠设备（拆装设备和检测仪器）的维修模式。而设备是汽车维修企业生产活动中不可缺少的物质手段。配备性能优良的设备，不但可以减轻维修人员的劳动强度，提高劳动效率，而且可以保证和提高维修质量。维修企业由于使用技术状况不良的设备而影响维修质量的情况屡见不鲜。

对维修工具和设备的使用管理应做好如下工作：

首先，要保证维修工具、设备、检测仪器的完好性和可靠性。要定期对企业内部的工具、设备、检测仪器进行校准和维护保养，不要等到用时才发现工具设备不能使用，再组织人员进行维修校准，既耽误时间，又影响工作效率，降低企业在客户心中的形象。企业要把工具、设备的校准和维护工作作为管理的一项重要内容提到日常工作和企业的年度规划当中来。

其次，要强调维修人员对工具、设备的使用。如果维修人员不能正确使用工具和设备，会造成错误的判断和分析，降低工作效率。企业的管理人员、技术人员应当重视并组织相关人员，对维修人员进行使用工具、设备方面的培训。

最后，企业在选配维修设备时应根据企业的实际情况，有计划地增加专用工具和先进的检测设备，充分了解工具、设备、仪器的性能和功用，找信誉好的设备商供货。

三、配件质量管理

随着现代汽车的发展，免维护配件和总成越来越多，采用更换配件维修的方法十分普遍，由于误换配件和更换副厂件，影响维修质量的现象也越来越多。因此，维修企业的配件管理，尤其是配件的质量管理也越来越重要。配件管理在ISO9000质量管理体系当中，是单独作为一个控制程序文件进行编制的，现就配件质量管理进行如下探讨：

首先，要想买到质量可靠的配件必须要有商业信誉较好的配件商。企业要把当地特约维修中心（站）指定的配件代理专营店及配套生产厂作为首选供应商。在选购配件时，应在合格供方中选取，同时定期对合格供方进行信誉和质量评审（考核），不合格的应及时从“合格供方名录”中剔除。

其次，应加强进库配件的质量检验。一般根据企业的规模，进库配件可以由配件部、生产技术部、质检部，根据谁检验、谁签字、谁负责的原则完成，杜绝“三无”产品。对于维修人员提出更换配件的要求，企业相应的质量检验部门应及时进行检查和查看，然后再确定是否更换。对于可以维修的配件，在不影响车辆行驶安全性的基础上尽量为客户着想——不更换维修即可用的配件。不要因为企业想赚一点点钱，就把客户利益抛开。

再次，库房的管理对于配件的质量有比较大的影响。库房应保持通风、干燥、适当温度和湿度，便于配件的储存和保管；对于有保质期的备件，应在保质期内使用，如润滑油、油封、皮碗等，从而保证配件的可用性、完好性和可靠性。

最后，企业不能因为想赚钱，把配件的管理费用加得很高。一方面，市场上配件的价格都已经公开，客户都能够查到；另一方面，政府机关科学地规定了管理费比率。

根据统计，汽车维修资料仲裁的案例中，约有50%是因劣质配件引发的。劣质配件、辅助原材料造成汽车维修企业的人力、物力的浪费，损害了企业的信誉，因此把好配件、辅助原材料质量关，抓好汽车维修源头管理，是确保维修质量的关键之一。

四、汽车大修修竣检查验收

1. 汽车大修修竣检查验收

汽车修竣后的检验应按GB/T 3798—2005《汽车大修竣工出厂技术条件》、GB 7258—2012《机动车运行安全技术条件》、GB 4785—2007《汽车及挂车外部照明和光信号装置的安装规定》、GB 1495—2002《汽车加速行驶车外噪声限值及测量方法》、GB 1828—2005《点燃式发动机汽车排气污染物排放限值及测量方法（双怠速法及简易工况法）》、GB 3847—2005《车用压燃式发动机和压燃式发动机汽车排气烟度排放限值及测量方法》等相关技术文件进行，具体操作见项目三相关任务。

2. 修竣车辆的交接

汽车大修检验合格后，承修单位应签发出厂合格证，并将技术档案、修理技术资料和合格证移交送修单位客户或个人客户。

车辆交接时，应保证配备的辅件齐全，外观整洁。

接车人员应根据合同规定，按修竣后的技术标准进行验收，对检修技术资料进行核实，经送修与承修双方确认合格后，办理车辆交接手续。同时，承修方应给予质量保证，出具质量保证书或保修单。

任务二　汽车维修质量检验结论

一、维修质量检验管理

汽车维修质量检验在车间管理和技术管理当中十分重要，是现代汽车维修企业的重要组成部分，也是控制维修质量最有效的方法。在企业中由于检验疏漏而引起的维修质量责任事故、返修、投诉非常常见。

质量检验职能有把关职能、预防职能和报告职能。只有认真落实质量检验职能，才能把维修质量隐患消灭在萌芽状态，避免事后检验问题的发生，增加成本。通过质量检验，把维修存在的质量问题反馈给相关部门，及时查明引起维修质量的原因，为质量改进和质量管理活动的开展提供依据。

1. 质量检验的职能

（1）把关的职能

把关的职能是维修质量检验最基本的职能，也可以称其为维修质量保证的职能。在生产过程中，由于受到维修人员、设备、材料、方法、环境、测量等各种因素的影响，不可避免地会产生维修质量的波动。各个过程不可能始终处于绝对的稳定状态。只有通过检验，做到不合格的零部件不组装，检验不合格的车辆不出厂，才能真正保证维修质量。

（2）预防的职能

现代质量检验和传统的质量检验相比，一个重要的区别就在于：传统的质量检验是一种单纯的事后把关，而现代质量检验在严格把关的同时，还要具有预防作用。

首先，原材料、外购件和外协件等的入厂检验，前一个过程的把关检验，对后面的生产和后一个过程的生产都能起到积极的预防作用。

其次，可以及时地发现问题，迅速采取措施，防止维修不合格问题的发生。在质量管理和质量控制过程中，通过质量检验获得质量信息，掌握质量动态，及早发现质量问题，及时采取措施，将维修质量问题消灭在萌芽状态，制止其不良后果的产生，同时也可防止同类问题再次出现。

（3）报告的职能（信息反馈）

维修质量检验是为了有利于企业领导和有关职能部门及时而准确地掌握维修过程中的质量动态，评价和分析质量管理的绩效。了解质量变化的情况，必须把在检验工作中搜集的质量信息做好记录，从中分析质量问题、质量动态、质量趋势等，并将分析和评价的结果及时反馈，进一步改进维修质量，并为质量管理活动的开展提供依据。

充分发挥质量检验部门在保证维修质量上的作用，充分认识质量检验部门职能的重要性，对保证及提高维修质量有着重要作用。有效运行的质量检验部门，可以对维修过程的各个环节实施有效的质量监督，及时告警，及时反馈检验信息，为企业领导和有关部门的决策提供依据。还可以对质量问题进行预防及把关，降低维修不合格车辆带来的损失，从而降低生产成本。

2. 维修质量检验的程序

汽车维修企业要按照《汽车维修业开业条件》(GB/T 16739—2014) 的规定配备相应数量的汽车维修质量检验员和维修技术人员，遵循质量检验程序，才能全面落实汽车维修质量检验的职能，保证维修质量。

质量意识一定要贯彻到每一个员工的心里，进厂检验、过程检验和竣工出厂检验的每一阶段都一定要进行质量检验，要求每个检验的人员签字确认，真正将检验得到落实，同时也能够明确在出现质量事故时当事人的责任。没有经过各级检验人员检验的车辆，不能出厂。经过出厂检验的车辆出厂时，由汽车维修质量检验员签发《汽车维修竣工出厂合格证》，并向用户交付有关的技术资料。如果能够真正地贯彻各级检验，在质量检验上层层把关，而不是停留在表面形式上，对质量事故认真分析和处理，企业的维修质量责任事故、返修、投诉就会大大减少。

二、维修资料和档案

现代汽车的车型种类繁多，只有掌握大量的技术数据，把新的诊断和检测技术应用到维修上，才能很好地控制维修质量。汽车在使用中会出现各种各样的情况，而且有可能经过多次维修，更换过多次零配件，从而使各个系统的技术状况发生较大变化。维修人员如果不了解这些情况，在进行汽车故障诊断和维修时，常常会因判断和操作失误，造成不必要的人力、物力浪费，降低工作效率，因此，维修人员必须具有获取车辆维修资料的能力，要及时建立车辆维修档案。

车辆维修资料应该实现网络信息化，保证资料的及时性、准确性、实用性、方便性。

汽车维修档案应有两部分，一是客户车辆技术档案，包括：车辆的基本特征资料、车辆维护记录、车辆修理（含故障诊断排除）记录和维修过程理论分析；二是车辆故障实例集。

三、质量管理制度

汽车维修质量管理制度是质量管理部门或企业质量管理机构为贯彻汽车维修质量管理目标，依据有关法规、标准而制定的管理规章。

现代企业要有现代企业管理制度，不同的企业需要不同的质量管理制度，切记不可生搬硬套。一定要根据企业的实际情况，详细制定有关企业内部的质量管理制度：包括维修质量检验员工作制度、设备维修管理制度、配件材料管理制度、安全生产管理制度、前台接待工作制度、各工种安全操作规程、汽车维修质量承诺制度、汽车维修质量的工艺文件、汽车维修质量管理制度、汽车维修质量检验制度、技术档案管理制度、标准和计量管理等。还应具备进厂检验单、过程检验单、竣工检验单、维修合同文本和出厂合格证等技术文件管理。在实际工作中，应该将这些制度以书面形式落实到每个工位，再辅以工作流程，定期进行考核和分析。对出现的问题，及时进行分析并提出相应的改进、纠正和预防等措施。汽车维修质量管理制度是质量管理工作的行为准则，因此必须保证制度落到实处，才能保证和提高汽车维修质量。

四、全面质量管理

汽车维修企业质量管理就是建立质量保证体系，实行质量控制，避免工作失误，并把质量检验作为专门工序，以杜绝失误引起的质量问题，从提高质量管理工作的质量着手来保证和提高汽车维修质量。汽车维修质量是通过对汽车的维护与修理，来维持和恢复原来汽车产品质量的程度。汽车维修质量关系到维修企业的信誉和生存，关系到整个汽车维修行业的发展和进步，关系到客户的生命安全和利益。维修质量是汽车维修企业的根本和生命线，因此只有加强全面质量管理，保证维修质量，维修企业才能得以生存和发展。

要将质量决定企业生存、发展的意识灌输到每位员工的心里，要在企业内部真正地贯彻执行，而不是应付检查和做表面文章。这样就要做好企业的全面质量管理，要认真执行并不断建立完善的质量标准和体系，不断提高汽车维修质量的管理活动，遵守汽车维修质量管理的相关法规和规章，落实汽车维修质量管理制度和检验程序，遵守作业指导书及企[illegible]量手册的规定。

[illegible]面质量管理的具体要求如下：

1. 充分落实全过程的质量管理

（1）坚持预防为主、不断改进的思想。

（2）树立为顾客服务的思想。

2. 增强全员参与质量管理的意识

（1）必须抓好全员的质量教育和培训。

（2）要制定各部门、各级、各类人员的质量责任制，明确任务和职权，各司其职，密切配合，以形成一个高效、协调、严密的质量管理工作系统。

（3）要开展多种形式的“群众性”质量管理活动，充分发挥广大职工的聪明才智和当家作主的进取精神。

3. 全企业的质量管理

（1）从组织管理的角度来看，每个企业都可以划分成上层管理、中层管理和基层管理。

（2）从质量职能角度看，产品质量职能是分散在全企业的有关部门中的，要保证和提高产品质量，就必须将分散在企业各部门的质量职能充分发挥出来。

4. 多方法的质量管理

总之，为了实现质量目标，必须综合应用各种先进的管理方法和技术手段，必须善于学习和引进国内外先进企业的经验，不断改进本企业的业务流程和工作方法，不断提高企业员工的质量意识和技术水平。多方法的质量管理要求的是“程序科学、方法灵活、实事求是、讲求实效”。

项目小结

1. 汽车维修质量检验的目的是更好地、有预防性地控制好维修质量。

2. 汽车维修企业对维修技术人员的要求是以技术型为主的“复合型”人才，应善于收集、积累资料，具备全面的操作技能。

3. 配备性能优良的设备，可以减轻维修人员的劳动强度，提高劳动生产率和维修质量。

4. 把好配件、辅助原材料质量关，是确保维修质量的关键。

5. 认真落实质量检验职能，才能把维修质量隐患消灭在萌芽状态。维修资料和档案可以为维修人员提供真实有效的信息。

6. 汽车维修质量管理制度是质量管理工作的行为准则，是汽车维修质量提高的保证。

7. 维修质量是汽车维修企业的根本和生命线，加强全面质量管理，维修企业才能得以生存和发展。

练习与思考题

1. 汽车维修企业对维修技术人员的要求是什么？
2. 汽车维修质量检验的职能是什么？
3. 如何保证配件管理质量？
4. 维修工具、设备、检测仪器对维修质量有哪些影响？
5. 全面质量管理的具体要求是什么？

参考文献

[1] 陈长春. 汽车维修质量检验 [M]. 北京：机械工业出版社，2005.

[2] 屠卫星. 汽车维修质量检验 [M]. 南京：江苏科学技术出版社，2008.

[3] 黎军. 机动车维修质量检验员岗位技能训练 [M]. 北京：机械工业出版社，2006.

[4] 刘革. 机动车维修行业必备知识 [M]. 北京：机械工业出版社，2006.

[5] 顾金亭. 汽车修理工基础知识 [M]. 北京：中国劳动社会保障出版社，2002.

[6] 崔选盟. 汽车故障诊断技术 [M]. 北京：人民交通出版社，2005.

[7] 王晓林. 汽车指导驾驶员 [M]. 北京：人民交通出版社，2002.

[8] 李皖. 现代企业管理 [M]. 北京：人民交通出版社，2005.

[9] 何效先. 汽车底盘构造与维修 [M]. 北京：中国农业出版社，2010.

责任编辑：冀爱芳
封面设计：刘　瑶

汽车运用与维修专业

汽车材料
汽车发动机构造与维修
汽车底盘构造与维修
汽车电气设备构造与维修
电控发动机维修
自动变速器维修
汽车电工电子基础
汽车机械制图
汽车机械制图习题集
汽车概论
汽车维修质量检验
汽车专业英语
汽车电路识图
汽车维护
汽车修理基础知识
汽车营销实训
汽车钣金与喷漆
汽车电子控制装置
汽车机械基础
汽车文化
汽车保险与理赔
汽车装饰与美容

ISBN 978-7-5635-4616-9
定价：22.50元